做会买卖 懂主力 会预测的炒股高手

彩图实战版

彩图
实战版
CHAO GU GAO SHOU

自心 ◎ 著

SPM
南方出版传媒
广东经济出版社
——广州——

图书在版编目（CIP）数据

做会买卖 懂主力 会预测的炒股高手／自心著．—广州：广东经济出版社，2017．1
ISBN 978－7－5454－4841－2

Ⅰ．①做… Ⅱ．①自… Ⅲ．①股票交易－基本知识Ⅳ．①F830．91

中国版本图书馆 CIP 数据核字（2016）第 225536 号

出 版 人：姚丹林
责任编辑：郑秋瑛
责任技编：许伟斌

出版发行	广东经济出版社（广州市环市东路水荫路 11 号 11～12 楼）
经销	全国新华书店
印刷	佛山市浩文彩色印刷有限公司 （南海狮山科技工业园 A 区兴旺路）
开本	787 毫米×1092 毫米 1/16
印张	11 2 插页
字数	198 000 字
版次	2017 年 1 月第 1 版
印次	2017 年 1 月第 1 次
印数	1～5 000
书号	ISBN 978－7－5454－4841－2
定价	55．00 元

如发现印装质量问题，影响阅读，请与承印厂联系调换。
发行部地址：广州市环市东路水荫路 11 号 11 楼
电话：（020）38306055 37601950 邮政编码：510075
邮购地址：广州市环市东路水荫路 11 号 11 楼
电话：（020）37601980 营销网址：**http://www.gebook.com**
广东经济出版社新浪官方微博：**http://e.weibo.com/gebook**
广东经济出版社常年法律顾问：何剑桥律师

前　　言

买卖、跟庄、预测，是投资者学习炒股的核心内容。

学会买卖，投资者就可以更加合理地买入和卖出股票，如在更低的位置买入股票，把手中的股票卖出在更高的价位，从而获得更高的盈利。

懂得主力的操盘手法，投资者就可以更加深刻地理解股价的走向，踏准主力拉升的节奏，避免落入主力布置的陷阱，跟随主力一起在行情涨跌的过程中盈利。

学会预测，投资者就可以更加理性地测算未来股价的涨跌，在股价即将上涨时买入，在股价即将下跌时卖出，实现低买高卖的理想操作。

本书就是围绕买卖、懂得主力的操盘手法、预测三个核心展开的。为了让投资者能够有效地学会这三个方面的内容，本书在内容编排上特别注意以下几点：

实战性强。本书选取内容时，只选取了实战操作中对提高盈利有用的技术操作方法展开论述，没有大段的理论论述。

基础易读。本书讲述各种技术方法时，兼顾了新手的需要，从最基础的方法讲起，即使是刚刚开始学炒股的新股民也可以读懂。

图例丰富。本书中对于所有需要实战操作的知识点，都配备了股票走势图辅助说明，方便读者理解，并尽快将它们应用到实战操作的过程中。

本书适合刚刚进入股市，对股市还没有太多认识的新手使用。本书同样适合已经入市较长时间，但还没能实现稳定盈利的投资者使用。

作者擅长资金管控、筛选翻倍股票、道氏波浪技术、位置价格技术，以中长线翻倍股票项目为主。作者 QQ：963613995，手机号：15201402522。

目 录

上篇 做会买卖的炒股高手

中篇 做懂主力的炒股高手

下篇 做会预测的炒股高手

上 篇

做会买卖的炒股高手

第1章　买入股票的时机选择

买入是炒股交易的第一步。一个好的买点可以让投资者的持股成本大大下降，降低未来股价下跌时亏损的风险，增加未来股价上涨时获利的幅度。

当预测未来股价会上涨时，投资者可以买入股票。根据买入前期股价走势的不同，可以将买入时机分为下跌行情结束时买入、底部反转时买入、上涨行情持续时买入和调整行情结束时买入四大类。

1.1　当下跌行情结束时买入股票

当股价下跌行情接近尾端，即将见底反弹时，投资者可以积极买入股票，抓住未来股价上涨的收益。判断下跌行情接近尾端的形态主要有以下几类：

1.1.1　K线形成见底的形态

当K线形态显示股价的下跌获得了较强的支撑，有望反弹时，投资者可以积极买入股票，追求反弹带来的收益。

如图1－1所示，2015年1月5日，康达新材（002669）股价下跌至低位后形成锤头线。这种形态说明该股下跌后获得较强的支撑，是未来股价会见底反弹的信号。看到这种信号时，投资者可以积极抄底买入股票。

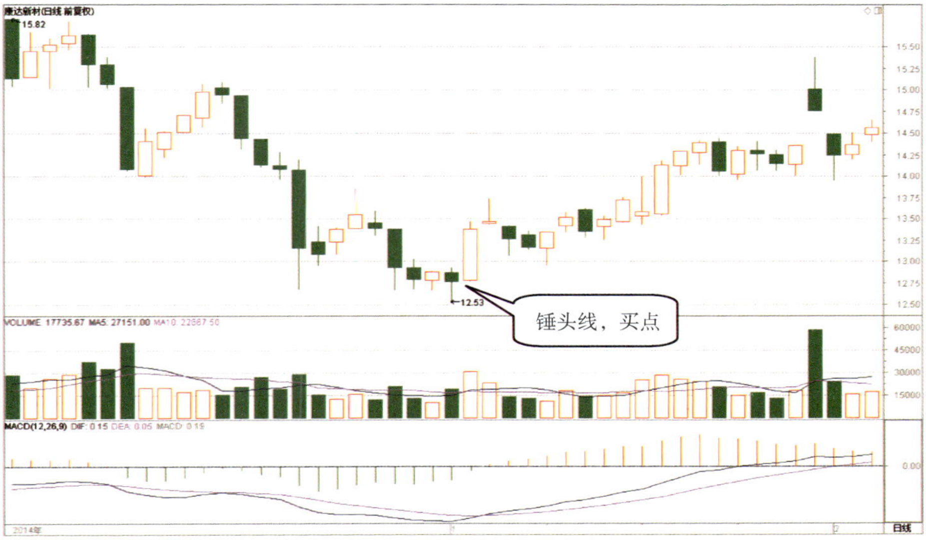

图1－1　康达新材（002669）的日K线图

如图 1－2 所示，2015 年 5 月 7 日和 8 日，巨力索具（002342）股价下跌至底部后形成看涨孕育线组合。这种形态说明股价下跌后获得较强的支撑，之前强势打压的空方力量减弱，多方力量开始买入股票。该形态完成后，投资者可以积极买入股票。

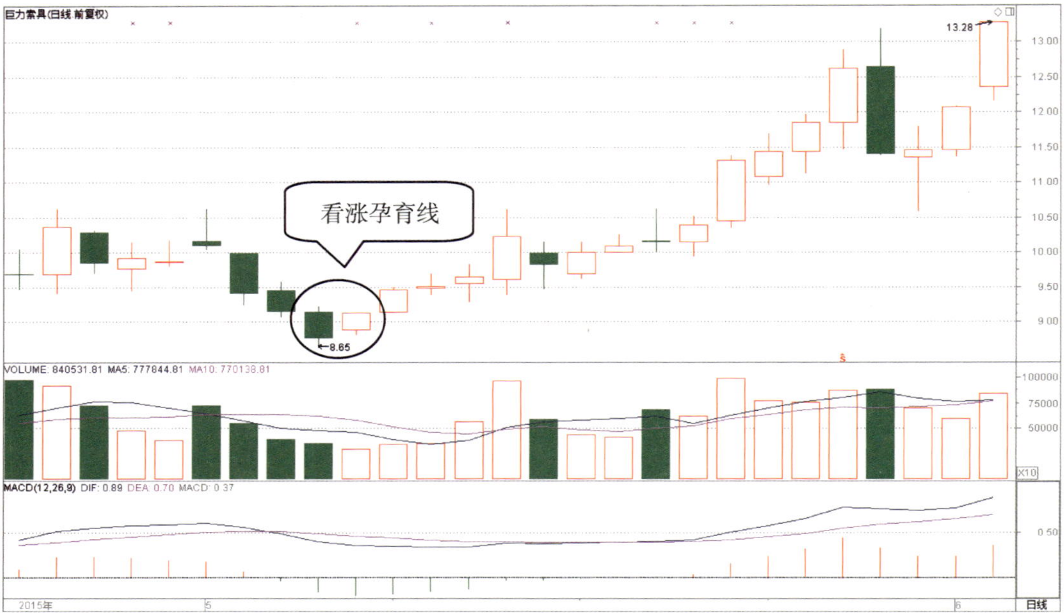

图 1－2　巨力索具（002342）的日 K 线图

1.1.2　缩量下跌后放量获得支撑

如果在持续下跌行情的尾端成交量萎缩至非常低的位置上，就说明随着股价的持续下跌，打压股价下跌的空方力量已经越来越弱，未来股价有见底反弹的可能。

此时，一旦股价获得较强的支撑，成交量再次放大，就是多方力量开始对股价形成支撑，是未来股价将会见底反弹的信号。看到这种信号时，投资者可以积极买入股票。

如图 1－3 所示，2015 年 1 月，士兰微（600460）股价下跌至较低的位置后，其成交量已经处于较低的水平上。随后，该股获得支撑开始上涨，同时成交量大幅放大。这种形态是该股将反转上涨的信号，看到这种信号时，投资者可以积极买入股票。

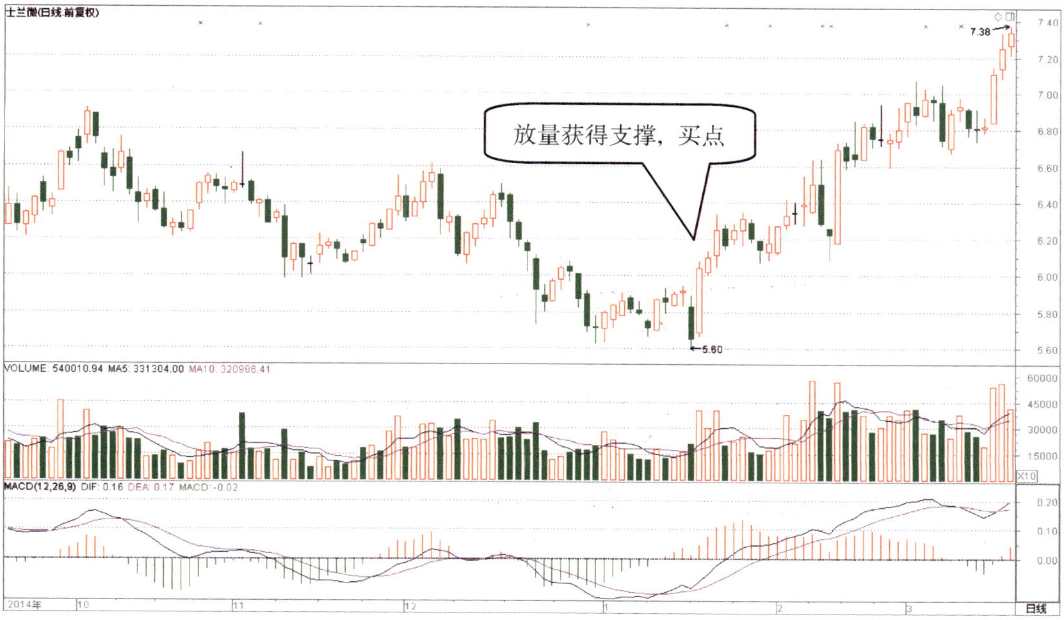

图 1－3　士兰微（600460）的日 K 线图

1.1.3　股价下跌与指标底背离

在技术指标中，有很多指标是描述股价涨跌力量强弱的，如 MACD 指标、KDJ 指标等。这些指标线的位置越低，说明当前市场上的多方力量越弱，空方力量越强；而指标线位置越高，则说明当前市场上的多方力量越强，空方力量越弱。

当股价处于不断创出新低的下跌行情中时，如果这些指标的指标线没有持续下跌，而是形成底部逐渐抬高的上涨走势，两者就形成了底背离形态。

底背离形态说明虽然股价持续下跌，但是随着股价的下跌，市场上打压股价下跌的空方力量开始减弱，多方力量正在逐渐聚集。这就是看涨买入信号。

一旦底背离形态出现，投资者就可以抄底买入股票。

如图 1－4 所示，2015 年 1 月至 2 月，吉恩镍业（600432）股价持续下跌，在股价创出新低的同时，其 MACD 指标中的 DIFF 指标线却没有创新低，反而出现了一底比一底高的形态，两者形成了底背离形态。这种形态说明股价虽然处于下跌行情中，但是其下跌趋势正在减缓，有见底反弹的可能。这是看涨买入信号，这样的形态完成后，投资者可以积极买入股票。

图 1－4　吉恩镍业（600432）的日 K 线图

如图 1－5 所示，2014 年 4 月底至 5 月，星网锐捷（002396）股价持续下跌，在股价创出新低的同时，其 KDJ 指标中的 K 指标线的底部却逐渐抬高，与股价形成了底背离形态。这样的形态说明股价虽然下跌，但是打压股价下跌的空方力量已经越来越弱，多方力量开始增强，股价有见底反弹的趋势。这样的形态完成后，投资者可以积极买入股票。

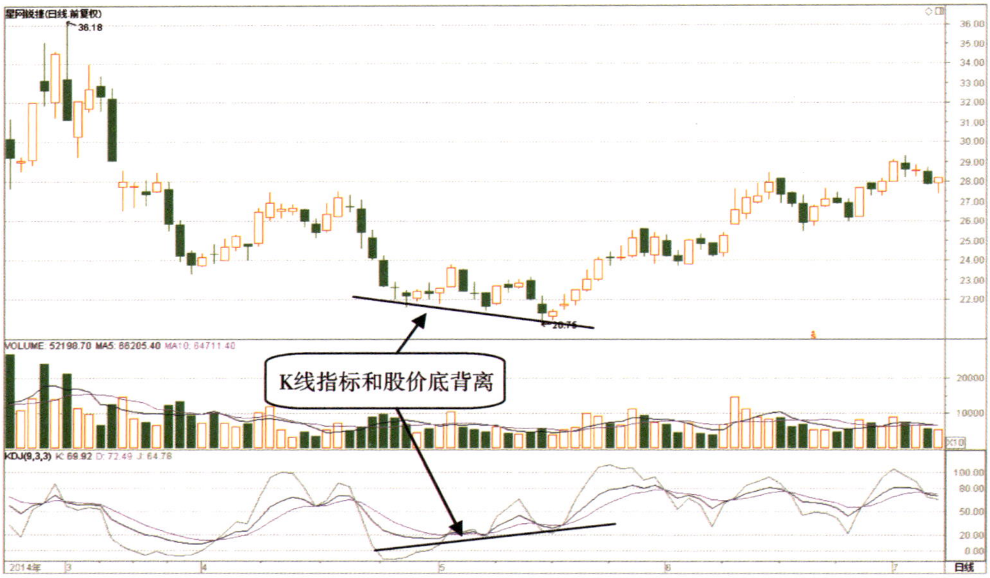

图 1－5　星网锐捷（002396）的日 K 线图

1.2　当底部反转时买入股票

当股价下跌至底部，有反转上涨的趋势时，投资者可以积极买入股票。下跌行情结束信号与反转信号的区别在于下跌行情结束信号只是下跌行情获得支撑，上涨还没有开始；反转信号则是股价已经结束下跌，开始上涨。因此，反转信号在看涨信号强度上要强于下跌行情结束信号。

1.2.1　K线形成反转形态

当K线形态下跌至底部，形成获得支撑的形态，并且股价开始上涨时，说明市场行情已经发生了反转。这种情况下投资者可以积极买入股票。

如图1－6所示，2015年1月，国新能源（600617）股价下跌至低位后，依次出现了阴线、十字线和阳线，组成了早晨之星形态。这种形态说明市场上的空方力量减弱，多方力量变强，不仅说明股价下跌获得了支撑，而且说明股价获得支撑后已经开始上涨，是未来股价会见底反弹的信号。看到这种信号时，投资者可以积极买入股票。

图1－6　国新能源（600617）的日K线图

如图1－7所示，2015年5月19日至21日，上实发展（600748）股价经过回调整理后，形成连续上涨的三根阳线，组成了红三兵形态。这种形态说明市场上的多方力量在底部区域逐渐聚集起来，股价下跌获得支撑后开始持续上涨。看到这样的信号时，投资者可以积极买入股票。

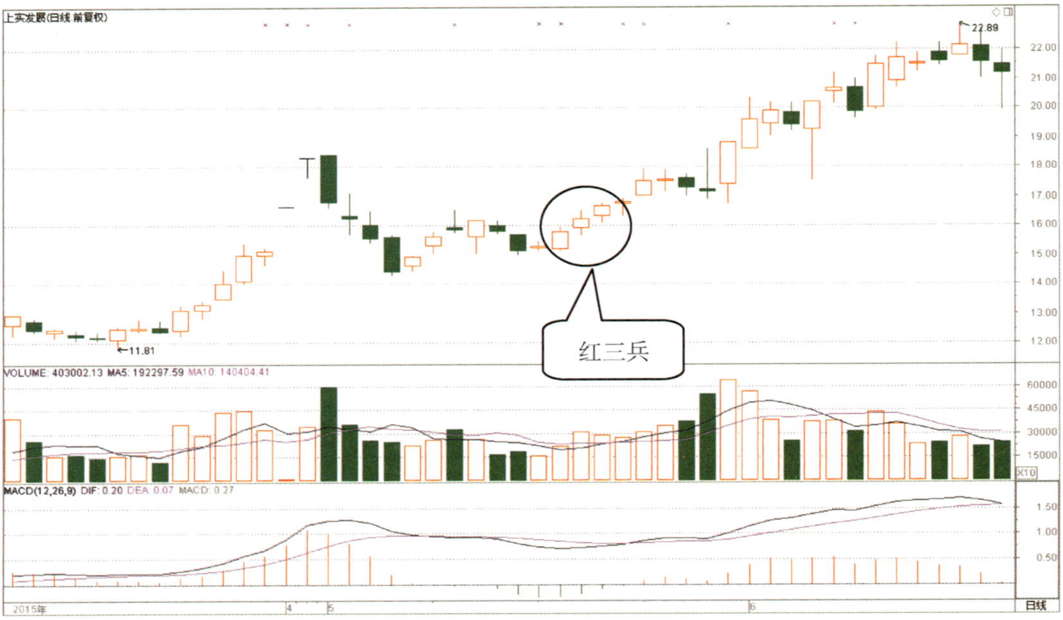

图 1-7　上实发展（600748）的日 K 线图

1.2.2　形成底部反转走势

如果投资者将观察行情的角度放长远，观察一段时间内股价的整体涨跌趋势，当发现股价在底部区域形成 W 底、三重底、头肩底等看涨形态时，就说明股价下跌获得了支撑。在随后的行情中，一旦股价能够突破这些形态的颈线继续向上，就说明上涨开始，行情已经发生了反转，这时投资者可以积极买入股票。

如图 1-8 所示，2015 年 5 月，东方集团（600811）股价连续两次下跌到同一价位后获得支撑，形成了双重底。这种形态说明股价下跌后获得较强的支撑。

投资者在股价第一次回调时的高点做水平线，可以得到该形态的颈线。5 月 21 日，股价向上突破颈线。这是行情已经反转的信号，此时投资者可以积极买入股票。

随后几个交易日，股价又小幅回抽到颈线位置获得支撑。这是对上涨行情的进一步确认，此时投资者可以积极加仓买入股票。

如图 1-9 所示，2015 年 1 月至 3 月，中信证券（600030）股价下跌至底部后连续三次下跌到同一价位时获得支撑，形成三重底形态。这说明股价下跌后获得较强的支撑，市场上的空方力量逐渐减弱，多方力量开始对股价形成支撑。

3 月 20 日，股价向上突破三重底的颈线。这是市场行情已经发生反转的信号，

图1－8　东方集团（600811）的日K线图

此时投资者可以积极买入股票。

图1－9　中信证券（600030）的日K线图

如图 1－10 所示，2015 年 1 月至 3 月，北辰实业（601588）股价下跌至底部后，形成连续三个低点。左右两边的低点基本水平，中间的低点略低，且前两次回调的高点也基本水平，这样的形态就构成了头肩底形态。该形态说明股价下跌至底部后，打压股价的空方力量减弱，多方力量开始增强。这是股价将会见底反弹的信号。

投资者将前两次回调的高点用直线连接起来，可以得到该形态的颈线。

3 月 16 日，股价突破了颈线。这说明市场行情已经发生反转，上涨行情开始，此时投资者可以积极买入股票。

图 1－10　北辰实业（601588）的日 K 线图

1.2.3　股价温和放量上涨

如果股价见底反转后，在上涨的同时成交量持续放大，就说明随着股价上涨，越来越多的投资者追高买入股票。这些投资者的买入又会推动股价持续上涨，此时该股进入了良性的上涨周期。在这样的量价配合形态下，未来股价将会被持续向上拉升。看到这种形态时，投资者可以在放量上涨的过程中积极追高买入股票。

如图 1－11 所示，2015 年 5 月，华友钴业（603799）股价见底反弹后，持续放量上涨。这种形态说明股价已经进入了良性的上涨周期，未来上涨行情将会持续下去，下跌趋势已经完全反转。看到这种形态时，投资者可以积极买入股票。

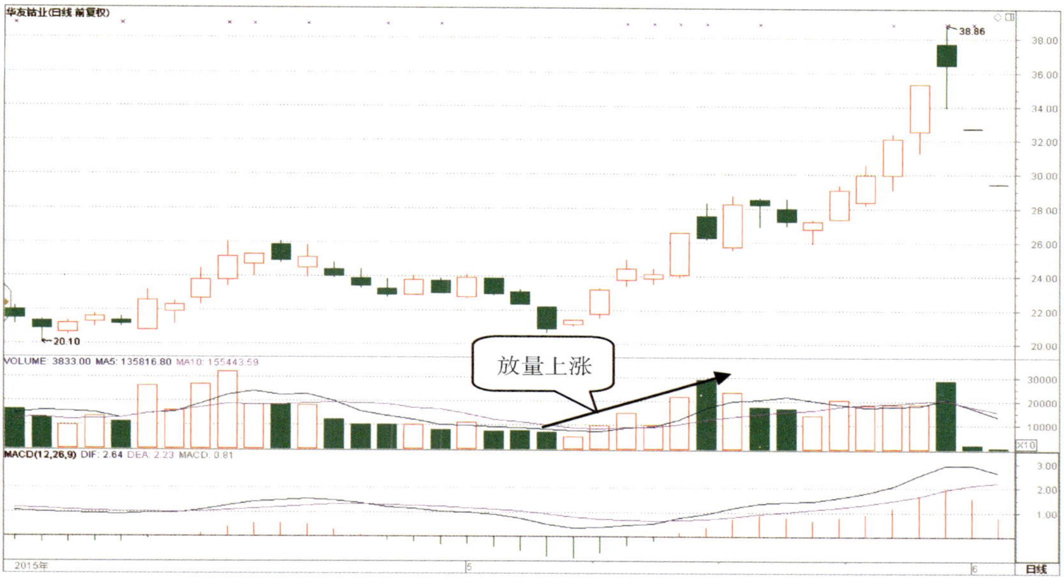

图 1－11　华友钴业（603799）的日 K 线图

1.2.4　技术指标开始走强

技术指标可以量化反映股价走势的强弱，当股价见底反弹后，如果技术指标开始走强，形成金叉、突破等强势看涨信号，就验证了股价进入上涨趋势的判断，标志着市场行情已经反转。看到这种形态时，投资者可以积极买入股票。

图 1－12　佳创视讯（300264）的日 K 线图

如图 1－12 所示，2015 年 4 月，佳创视讯（300264）股价见底反弹。5 月6 日，该股的 MACD 指标在 0 轴上方完成了金叉形态。这样的形态说明此时股价已经处于上涨行情中，并且其上涨速度会越来越快，这是之前的下跌趋势已经发生反转的信号。看到这种信号时，投资者可以积极追高买入。

如图 1－13 所示，2015 年 5 月 11 日，上海建工（600170）股价见底反弹的同时，其 KDJ 指标中的 K 线和 D 线在低位完成了金叉形态。这个金叉出现说明股价见底后，在短期内的上涨动能逐渐增强，确认了行情已经发生反转的信号。当金叉完成时，投资者可以积极买入股票。

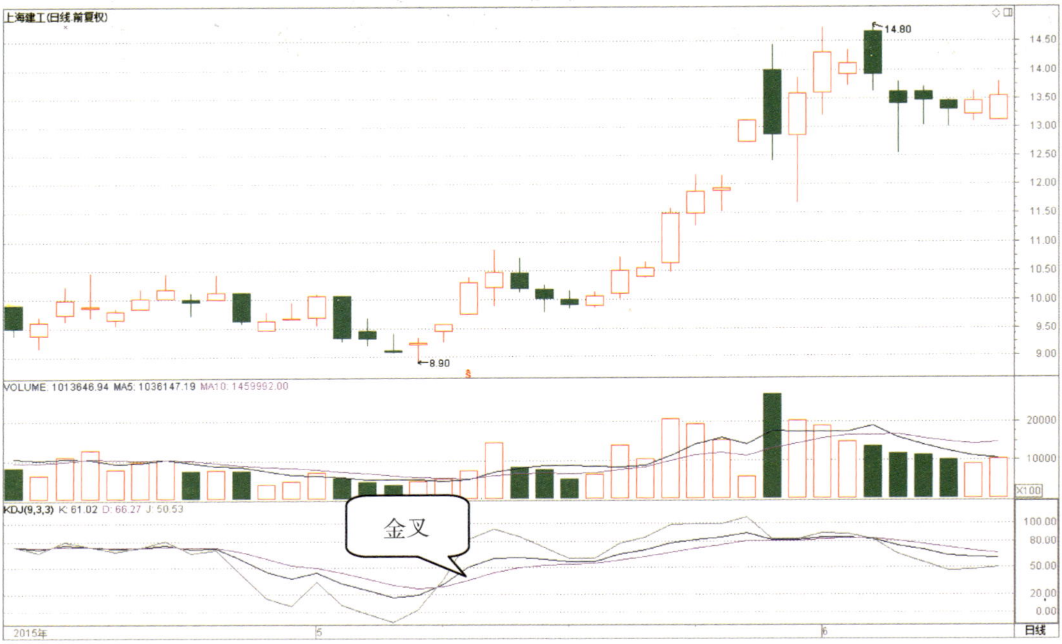

图 1－13　上海建工（600170）的日 K 线图

1.3　当上涨行情持续时买入股票

在股价上涨的过程中，如果投资者发现一些信号，标志着上涨行情能够持续下去，同样可以买入股票。这时买入的价格虽然比较高，但是也能够获得未来股价继续上涨的收益。

1.3.1　股价形成上涨趋势线

在股价上涨的过程中，如果多次回落都能够在某条均线或者前期低点的连线上获得支撑，那么这条均线或者连线就是股价的上涨趋势线。一旦形成这样的上涨趋势线，就说明上涨趋势已经得到了市场上投资者的普遍认可，未来将会持续上涨。

在这种的情况下，投资者可以积极买入股票。

如图1－14所示，2015年2月至4月，泸州老窖（000568）股价连续两次回调，将这两次回调的低点连接起来，就可以得到一条上升趋势线。

随后，股价在持续上涨的过程中，又多次回落到这条上升趋势线附近时获得支撑继续上涨。这样的形态说明上涨趋势已经得到了市场上投资者的普遍认可，未来将会持续上涨，此时投资者可以积极追高买入股票。

最终，到了5月5日，该股股价跌破了上升趋势线。这说明上涨趋势结束，此时投资者应该卖出手中的股票。

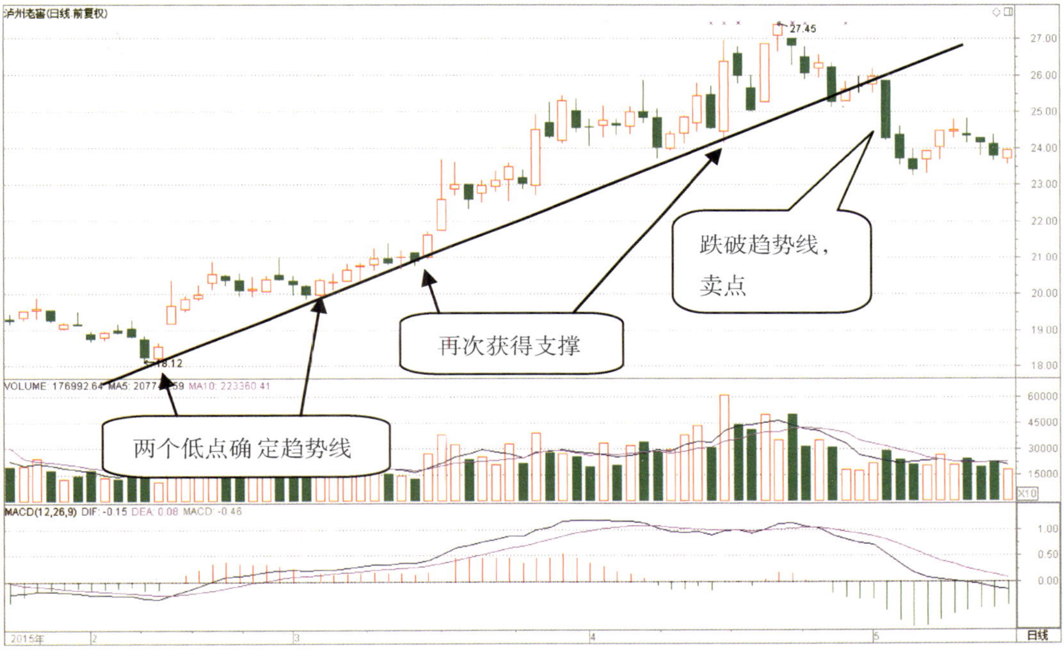

图1－14　泸州老窖（000568）的日K线图

如图1－15所示，2015年3月至5月，中国高科（600730）股价多次下跌至其20日均线附近后获得支撑上涨。这说明20日均线的支撑力量已经得到大多数投资者的认可，未来上涨趋势将会持续。每次当股价下跌至20日均线附近获得支撑时，投资者都可以逢低买入股票。

图 1－15　中国高科（600730）的日 K 线图

1.3.2　随着股价的上涨，成交量也持续放大

在股价持续上涨的过程中，如果成交量也持续放大，说明此时该股正处于良性的上涨循环中，上涨行情得到了市场上投资者的普遍认可。随着股价的上涨，越来越多的投资者追高买入股票，而这些投资者的买入又会推动股价持续上涨。

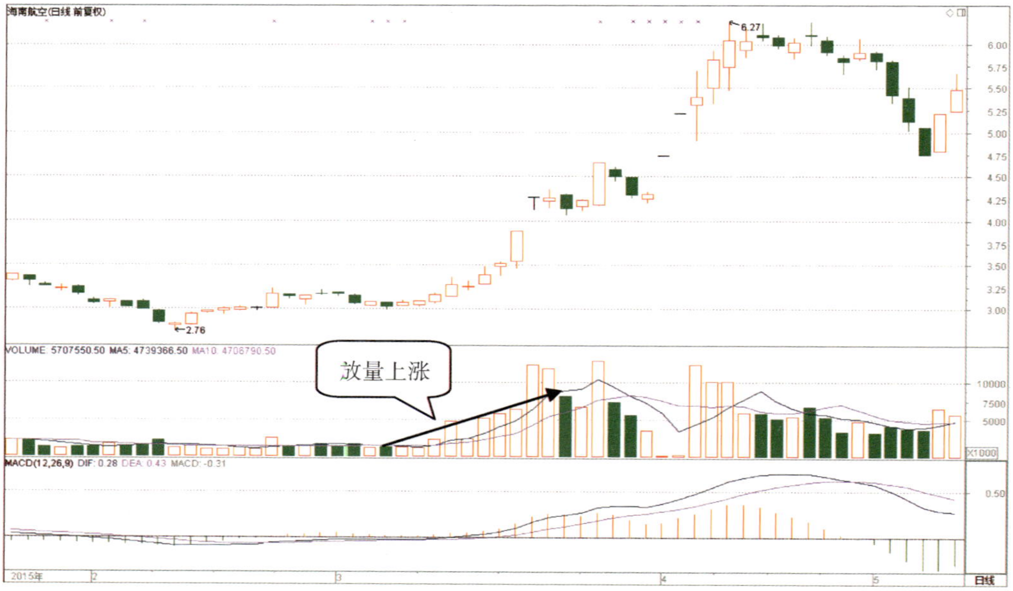

图 1－16　海南航空（600211）的日 K 线图

在这样的量价配合形态下，未来股价将会被持续向上拉升。看到这样的形态时，投资者可以积极追高买入股票。

如图 1－16 所示，2015 年 3 月，海南航空（600211）股价持续放量上涨，这样的形态说明股价已经进入了良性的上涨周期，未来股价将会持续上涨。看到这样的形态时，投资者可以积极追高买入股票。

1.3.3　技术指标持续走强

如果在股价持续上涨的同时，技术指标也持续走强，就是对强势上涨趋势的验证。在这种情况下，股价的上涨趋势有望持续下去，投资者可以积极追高买入股票。

如图 1－17 所示，2015 年 1 月至 4 月，在尔康制药（300267）股价持续上涨的过程中，其 MACD 指标中的 DIFF 线也持续上涨，同时指标中的红色柱线长度越来越长。这样的形态说明在股价上涨行情中，其上涨的速度越来越快，并且市场上推动行情上涨的多方力量也越来越强势。这是上涨行情能够持续的信号。在这样的持续强势行情中，投资者可以积极追高买入股票。

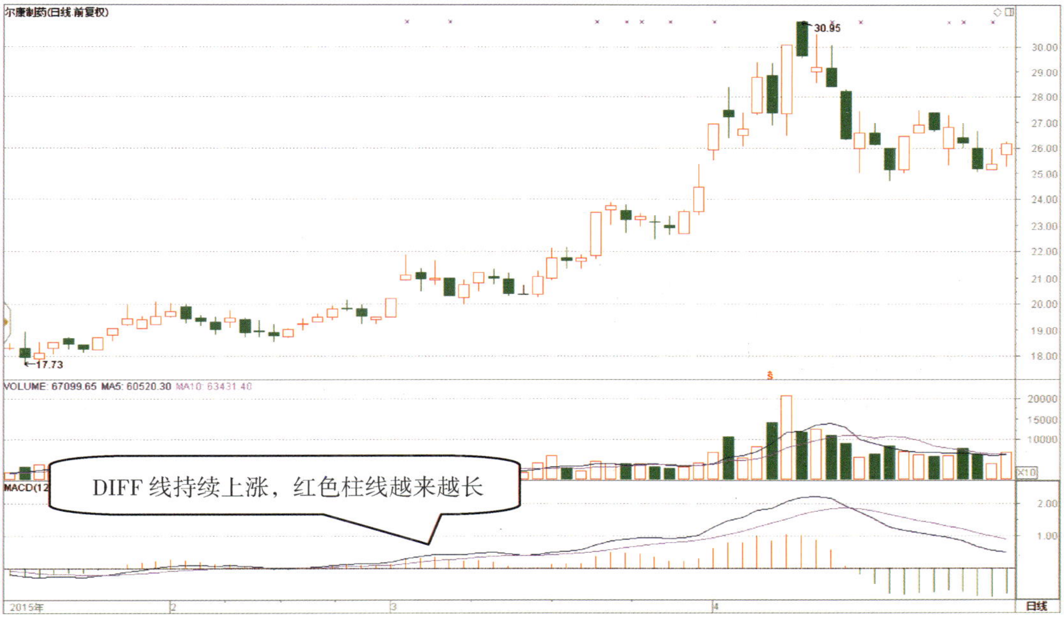

图 1－17　尔康制药（300267）的日 K 线图

1.4　当调整行情结束时买入股票

在股价持续上涨的中途，可能会短暂地遇到阻力，形成一些短时间内的回落行情。当最终股价结束回落，重新进入上涨趋势时，标志着未来股价将会继续上涨。在这种情况下，投资者可以积极买入股票，追求未来股价继续上涨的收益。

1.4.1 股价在上涨趋势线附近获得支撑

当股价回落过程中多次在某条直线或者均线附近获得支撑时，这条直线或者均线就会成为股价上涨的重要的支撑线。在未来的行情中，一旦股价再次回落到这条支撑线附近获得支撑，就说明回调行情结束，上涨趋势继续。在这种情况下，投资者可以积极买入股票。

如图 1－18 所示，2014 年 12 月至 2015 年 1 月，湘邮科技（600476）股价多次回落至其 60 日均线附近时获得支撑。这样的形态验证了 60 日均线是股价下跌的重要的支撑线。

2015 年 5 月初，当股价回落至 60 日均线附近时，再次获得支撑。这说明此时 60 日均线的支撑作用仍然存在。当看到股价获得支撑开始反弹时，投资者可以确认回调行情已经结束，应积极买入股票，追求未来的上涨行情。

图 1－18 湘邮科技（600476）的日 K 线图

如图 1－19 所示，2015 年 1 月和 2 月，阳光城（000671）股价连续两次回落。如果将这两次回落的低点连接起来，就可以得到一条上涨趋势线。

进入 3 月后，股价回落时再次在这条趋势线附近获得支撑。这样的形态说明这条支撑线继续有效，未来上涨趋势还将继续。看到这样的形态后，投资者可以积极买入股票。

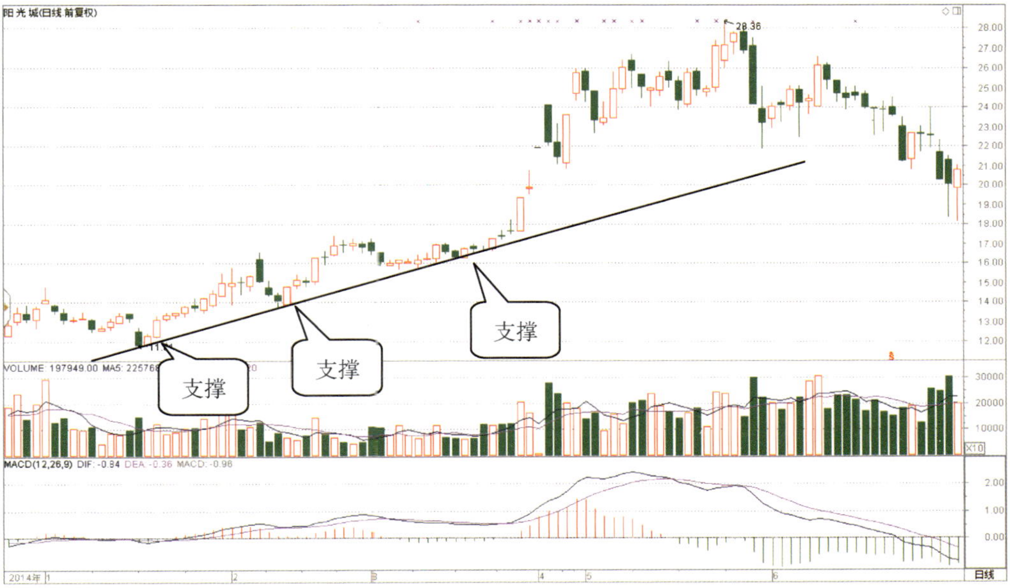

图 1－19　阳光城（000671）的日 K 线图

1.4.2　股价突破前期高点

股价见顶回落时的高点标志着行情上涨重要的阻力位。在未来的行情中，如果股价能够持续上涨，突破这个阻力位，就说明市场已经从回落行情中完全恢复，未来将会持续上涨，此时投资者可以积极买入股票。

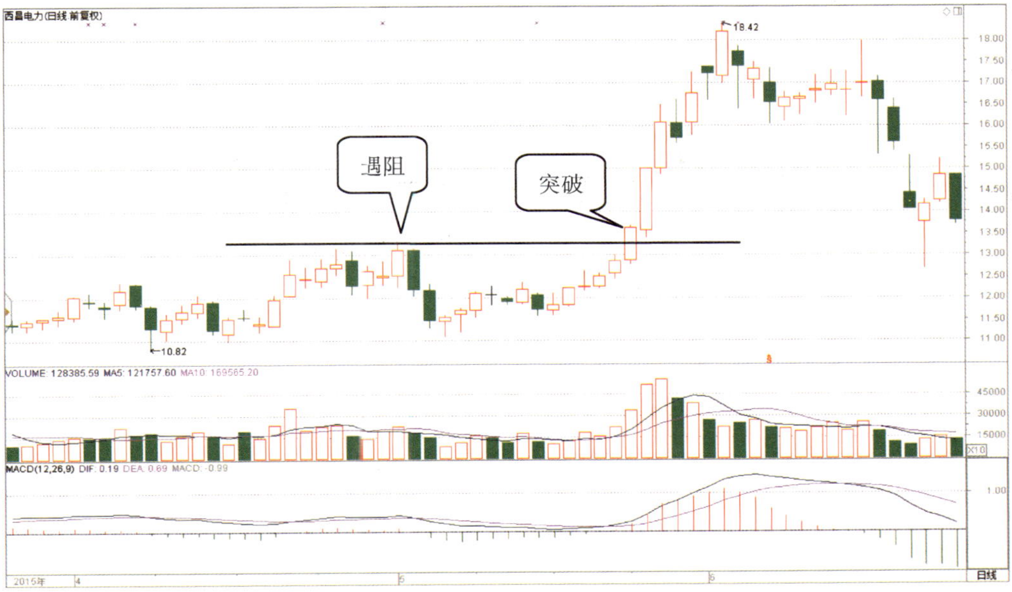

图 1－20　西昌电力（600505）的日 K 线图

如图 1－20 所示，2015 年 5 月初，西昌电力（600505）股价上涨见顶后遇到巨大阻力开始回落。这次遇阻的位置是股价上涨的一个重要关口。5 月 25 日，股价强势上涨，突破了这个阻力位。这样的形态说明该股已经从遇阻回落的趋势中走出来，未来将会持续上涨。看到这样的突破走势时，投资者可以积极买入股票。

1.4.3　技术指标调整后再次走强

在股价遇阻调整的过程中，技术指标也会走弱。如果股价调整后继续上涨，技术指标同时再次变强的话，就验证了股价结束调整开始上涨的信号。看到这样的信号时，投资者可以积极买入股票。

如图 1－21 所示，2015 年 4 月，浩物股份（000757）在见顶回调的同时，其 MACD 指标中的 DIFF 线和 DEA 线也持续走弱。从 5 月下旬开始，股价逐渐结束调整行情，重新进入上涨趋势，同时其 MACD 指标中的两条曲线也止住跌势，并且 DIFF 线突破了 DEA 线，形成金叉形态。这样的指标形态验证了行情结束调整，开始继续上涨的信号。看到这样的形态时，投资者可以积极买入股票。

图 1－21　浩物股份（000757）的日 K 线图

第 2 章　卖出股票的时机选择

寻找一个良好的卖出时机可以帮助投资者把股票卖出在更高的位置，避免未来行情下跌造成的损失。

当预测未来行情将会持续下跌时，投资者应该卖出股票。具体来说，卖出股票的时机包括股价上涨行情见顶时卖出、形成顶部反转时卖出、下跌行情持续时卖出和股价结束反弹时卖出几个。

2.1　当上涨行情见顶时卖出股票

当股价经过一段持续的上涨行情后，如果上涨的速度越来越慢，有了遇阻见顶的迹象时，投资者就应该卖出股票。这样的卖出信号可以使投资者回避绝大部分的风险。但是因为信号出现时股价还没有下跌，其准确度比较有限，投资者抛出股票后，股价有可能还会继续上涨。

2.1.1　K 线形成见顶的形态

当 K 线经过一段时间的上涨行情后，上涨速度减缓，形成见顶的形态时，投资者就应该卖出股票，将未来行情见顶下跌的风险控制在最小范围内。

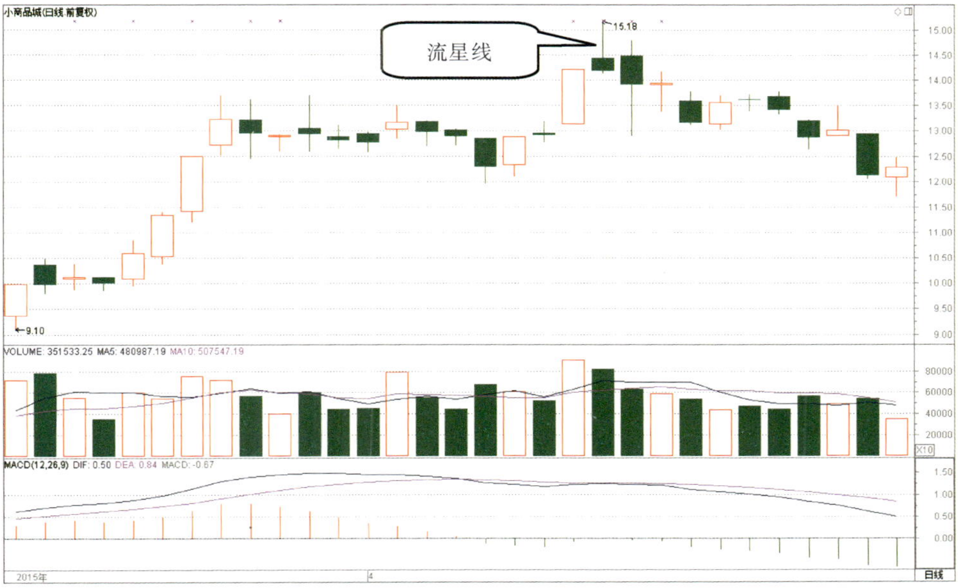

图 2－1　小商品城（600415）的日 K 线图

如图2－1所示，2015年4月14日，小商品城（600415）股价在高位形成一根带有长上影线的K线，构成流星线。这根流星线说明股价上涨遇到巨大阻力，多方拉升股价的力量不足，且盘中有大量卖盘出现，预示着未来该股股价会持续下跌。看到这样的形态时，投资者应该尽快卖出手中的股票。

如图2－2所示，2015年4月底，渤海租赁（000415）股价上涨至高位后，K线图上出现了乌云盖顶K线组合。这样的形态说明股价上涨一段时间后，遇到空方的强力打压，多方力量无法继续将股价向上拉升，预示着未来该股股价会持续下跌。看到这样的形态时，投资者应该尽快卖出手中的股票。

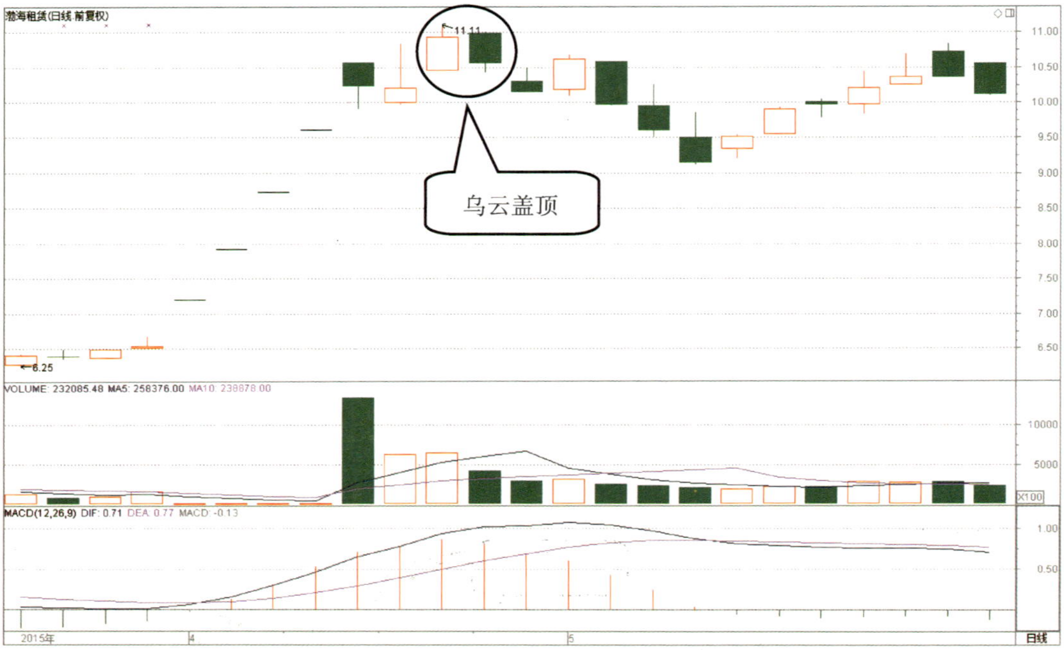

图2－2 渤海租赁（000415）的日K线图

2.1.2 股价高位放量滞涨

当股价上涨至顶部区域后，如果成交量继续放大，但股价却无法像之前放量上涨阶段一样持续上涨，则说明股价上涨遇到巨大阻力。此时虽然有大量投资者继续追高买入股票，但是抛盘压力与买入力量同样强大，买卖双方在高价区大量换手，造成成交量大幅放大。

因此，这样的形态是股价上涨遇到了巨大阻力，即将见顶下跌的信号。看到这样的信号时，投资者应该尽快卖出手中的股票，回避风险。

如图2－3所示，2015年5月底至6月初，诺力股份（603611）股价上涨至高位后，虽然成交量继续大幅放大，但股价却持续横盘整理，形成了顶部放量滞涨的形态。这样的形态说明股价上涨至顶部后遭遇巨大阻力，这是股价将见顶下跌的信号。这样的信号确定后，投资者应该尽快卖出手中的股票。

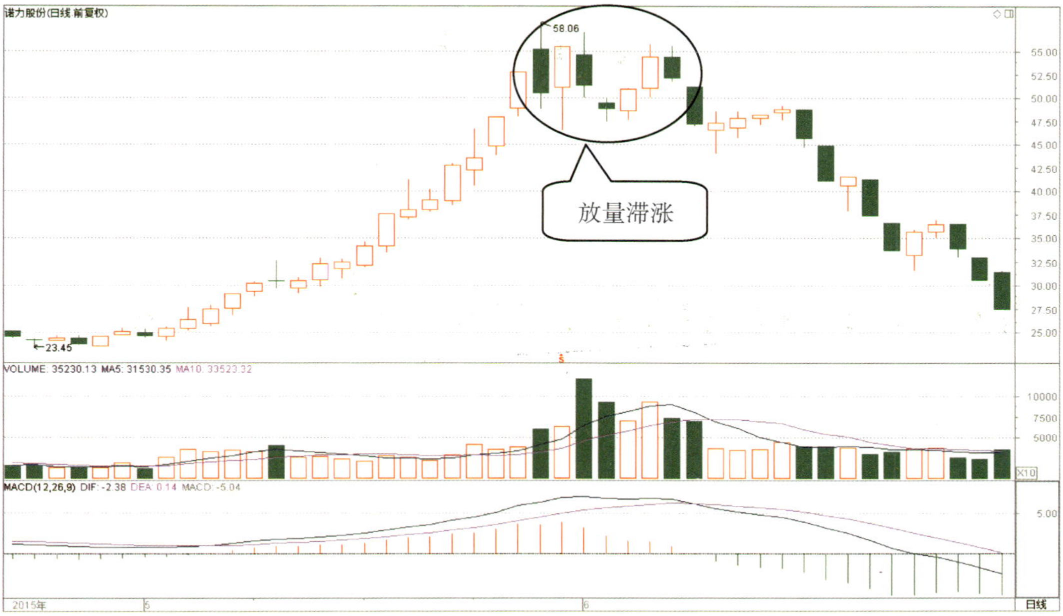

图 2-3　诺力股份（603611）的日 K 线图

2.1.3　股价上涨与指标顶背离

在股价上涨至高位后连续创出新高的同时，如果 MACD、KDJ 等指标中的指标线无法创出新高，而是形成了一顶比一顶低的下跌走势，两者就形成了顶背离形态。

因为 MACD、KDJ 等指标中的指标线表示股价涨跌趋势的强弱，这样的顶背离形态说明股价虽然上涨，但是其上涨趋势越来越弱，未来有见顶下跌的可能。因此，当看到顶背离形态时，即使股价持续上涨，投资者也应该保持警惕。

如图 2-4 所示，2015 年 5 月至 6 月，苏试试验（300416）股价持续上涨，在连续创出新高的同时，其 DIFF 线却无法创新高，反而形成了一顶比一顶低的走势，股价和 DIFF 线形成了顶背离形态。这样的形态说明虽然股价还在上涨，但是上涨的速度越来越慢，是未来股价将见顶下跌的信号。看到这种信号时，投资者应该尽快选择高点将手中的股票卖出。

图 2－4　苏试试验（300416）的日 K 线图

如图 2－5 所示，2015 年 5 月至 6 月，戴维医疗（300314）股价在继续上涨的过程中连续创出新高，同时其 KDJ 指标中的 J 线却无法创出新高，出现一顶比一顶低的下跌走势，两者形成了顶背离形态。这样的形态说明虽然股价持续上涨，但是推动股价上涨的力量越来越弱，短期内有行情见顶下跌的风险。看到这样的形态时，投资者应该尽快卖出股票。

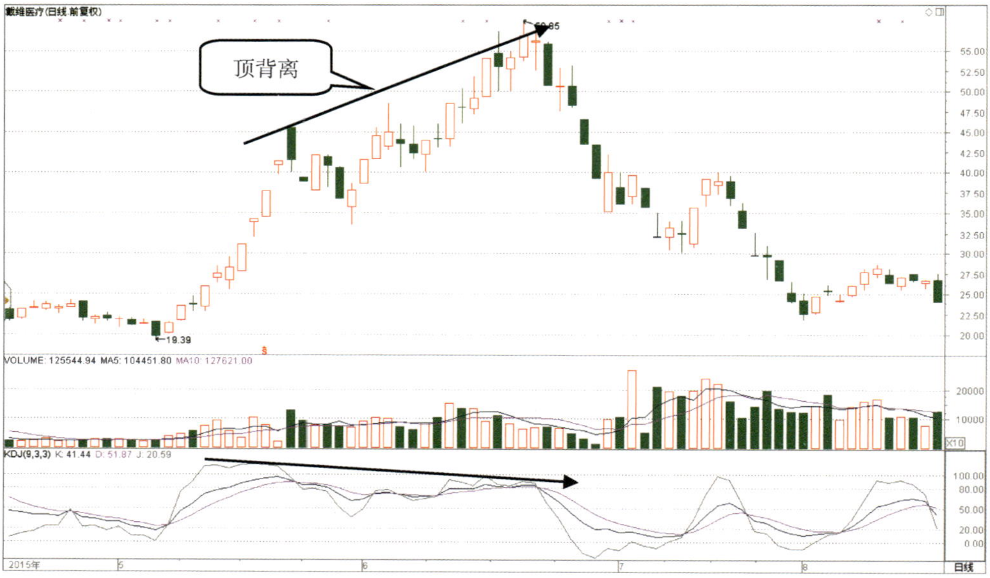

图 2－5　戴维医疗（300314）的日 K 线图

2.2　当顶部反转时卖出股票

当投资者发现股价上涨至高位后发生反转，已经有了见顶下跌的迹象时，应该尽快卖出股票。与见顶信号相比，反转信号出现时股价已经开始了下跌行情，所以这种信号的准确度更高。

2.2.1　K线形成反转形态

如果K线上涨至顶部后，形成顶部下跌形态，并且已经开始下跌，那么投资者应该尽快抛出股票，回避风险。

如图2－6所示，2015年6月2日至4日，世纪鼎利（300050）股价上涨至高位后，依次形成了阳线、十字线和阴线，组成黄昏之星形态。这种形态说明市场上的多方力量减弱，空方力量增强，预示着未来股价将会在空方力量的打压下持续下跌。看到这种形态时，投资者应该尽快卖出股票。

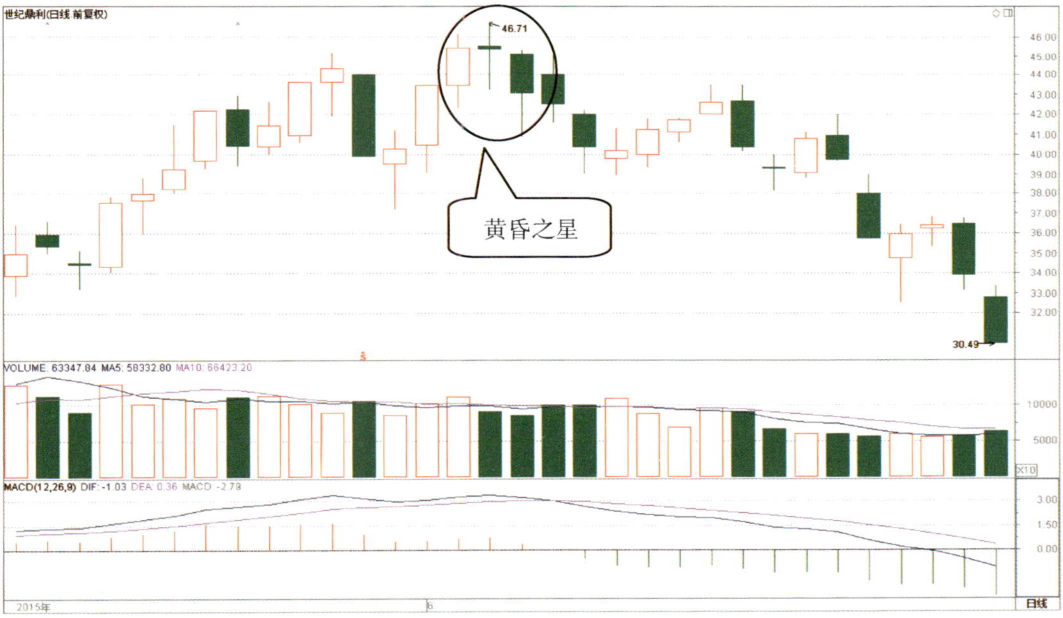

图2－6　世纪鼎利（300050）的日K线图

如图2－7所示，2015年6月15日至17日，光一科技（300356）股价上涨至高位后，在顶部连续三个交易日下跌，形成了三只乌鸦形态。这样的形态中每一根阴线的跌幅虽然都不大，但是结合起来却说明空方力量正在逐渐聚集，是股价即将见顶下跌的信号。看到这种形态时，投资者应该尽快将手中的股票卖出。

图 2-7　光一科技（300356）的日 K 线图

2.2.2　形成顶部反转走势

如果投资者观察更长周期内的 K 线走势，发现股价上涨至高位后，形成 M 顶、三重顶、头肩顶等顶部形态时，说明在这样的高位上有巨大的阻力位存在，股价难以向上突破阻力位。未来一旦股价跌破了这些形态的颈线，则说明下跌趋势已经开始，是未来股价会持续下跌的信号。看到这样的跌破信号时，投资者应该尽快抛出手中的股票。

如图 2-8 所示，2015 年 5 月至 6 月，万向德农（600371）股价上涨到高位后连续两次上涨到几乎同一个价位时都遇阻下跌，形成双顶形态。这样的形态说明股价上涨遇到巨大阻力，是股价即将见顶下跌的信号。如果投资者在第一次回调的低点画水平线，就可以得到这个形态的颈线。

6 月 26 日，股价跌破双顶形态颈线，标志着行情见顶反转，此时投资者应该尽快将手中的股票卖出。

如图 2-9 所示，2014 年 12 月至 2015 年 1 月初，陕西煤业（601225）股价上涨至高位后，连续三次上涨到几乎同一个价位时都遇阻下跌，形成了三重顶形态。这样的形态说明股价上涨受阻，即将见顶下跌。如果投资者将股价连续两次回落的低点用直线连接起来，就可以得到该形态的颈线。

1 月 19 日，股价跌破三重顶颈线。这是行情见顶反转下跌已经开始的信号，此

图 2－8　万向德农（600371）的日 K 线图

时投资者应该尽快将手中的股票卖出。

图 2－9　陕西煤业（601225）的日 K 线图

如图 2－10 所示，2015 年 5 月至 6 月，天龙集团（300063）股价上涨至高位后遇到较强阻力，连续形成三个顶点。这三个顶点中左右两个基本水平，中间的略高，且前两次回落的低点也基本水平，构成了三重顶形态。这种形态说明股价上涨遇到较大阻力，上涨的动力越来越弱。

如果投资者将股价前两次回落的低点用直线连接起来，就可以得到该形态的颈线。6 月 26 日，股价跌破颈线。这是下跌行情即将开始的信号，此时投资者应该尽快将手中的股票卖出。

图 2－10　天龙集团（300063）的日 K 线图

2.2.3　高位突然放量杀跌

当股价上涨至高位后，如果突然下跌，并且随着下跌成交量越来越大，则说明市场上突然出现了大量抛盘开始集中做空卖出。这样的形态会在市场上制造恐慌，让更多投资者抛出股票，而更多抛盘又会导致股价继续下跌。

因此，该形态一旦出现，股价就会进入恶性下跌循环，在短期内将会持续下跌。看到这种形态时，投资者应该尽快将手中的股票卖出。即使此时投资者发生了亏损，也要果断止损，不要再等待有反弹行情出现。

如图 2－11 所示，2015 年 6 月 5 日和 8 日，辅仁药业（600781）股价上涨至高位后突然开始下跌，并且伴随着下跌其成交量也大幅放大。这样的形态说明市场已经进入了恐慌性的下跌周期中，未来将会持续下跌。看到这种形态时，投资者应该果断抛出股票。

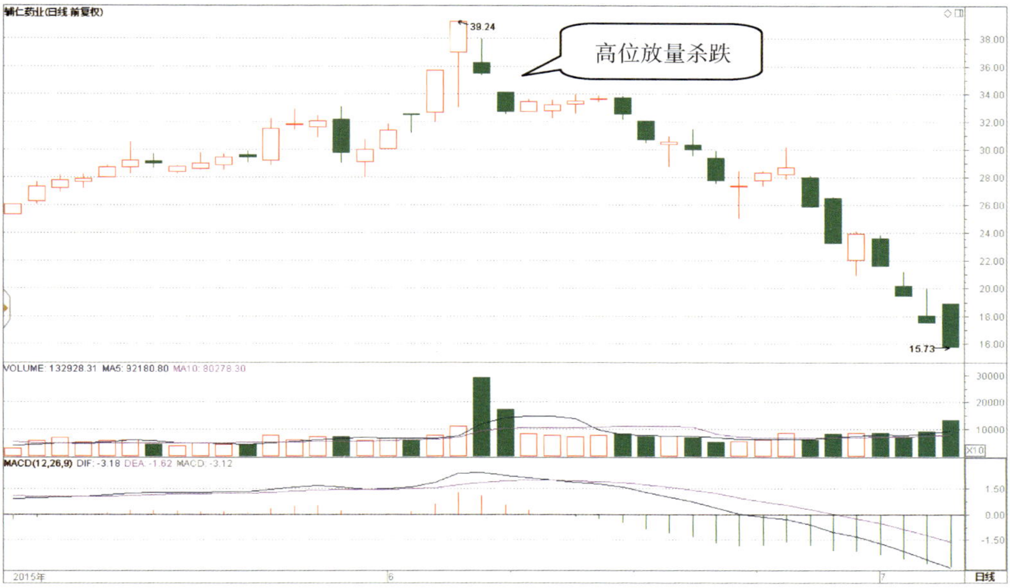

图 2－11　辅仁药业（600781）的日 K 线图

2.2.4　技术指标开始走弱

技术指标可以反映股价运行的内在趋势的强弱。如果股价在顶部走弱的同时，MACD、KDJ 等技术指标也在高位走弱，形成了看跌的 K 线形态，就说明下跌行情已经得到确认。在这种情况下，投资者应该尽快抛出股票，回避风险。

图 2－12　梅泰诺（300038）的日 K 线图

如图2－12所示，2015年6月中旬，梅泰诺（300038）股价见顶下跌。6月19日，其MACD指标中的DIFF线在高位跌破了DEA线，形成死叉形态。这样的形态验证了股价见顶下跌的趋势，看到这样的形态时，投资者应该尽快卖出手中的股票。

如图2－13所示，2015年7月27日，天康生物（002100）股价在见顶回落的同时，其KDJ指标中的K线也跌破D线，形成死叉形态。这个死叉形态是对股价下跌趋势的验证。看到这种形态时，投资者应该尽快抛出手中的股票。

图2－13 天康生物（002100）的日K线图

2.3 当下跌行情持续时卖出股票

在持续的下跌行情中，如果投资者发现行情反弹无望，未来下跌行情还将持续，就应该尽快卖出手中的股票，回避未来股价继续下跌造成的损失。这时投资者可能已经有了比较大的亏损幅度，可能会因为亏损而不愿意卖出股票。但是，如果继续持股的话，未来随着行情的继续下跌，投资者的亏损幅度只会越来越大。因此，这时投资者即使已经被套牢，也应该尽快止损卖出股票。

2.3.1 股价形成下降趋势线

在股价持续下跌的过程中，如果每次反弹都在某条直线或者均线位置遇到阻力下跌，那么这条直线或者均线就是股价下跌重要的阻力线，被称为下降趋势线。未来股价再次上涨至这条趋势线附近时，还有可能会遇到巨大的阻力而继续下跌。

因此，一旦这样的下降趋势线形成，股价就将在其压制下持续下跌，短期内很难上涨。看到这种形态时，投资者应该尽早卖出股票。

如图 2－14 所示，2014 年 11 月至 2015 年 2 月，新大洲 A（000571）股价持续下跌，如果投资者将前两次上涨遇阻的高点用直线连接起来，就可以得到一条下降趋势线。

在随后的行情中，当股价多次反弹至这条下降趋势线附近时都遇阻下跌，验证了这条线的阻力作用。看到这样的下降趋势线被反复确认后，在下跌过程中投资者应该尽快卖出股票，避免未来行情持续下跌的风险。

直到 2 月底，股价才突破了下降趋势线，这说明下跌趋势已经结束，此时投资者可以考虑买入股票。

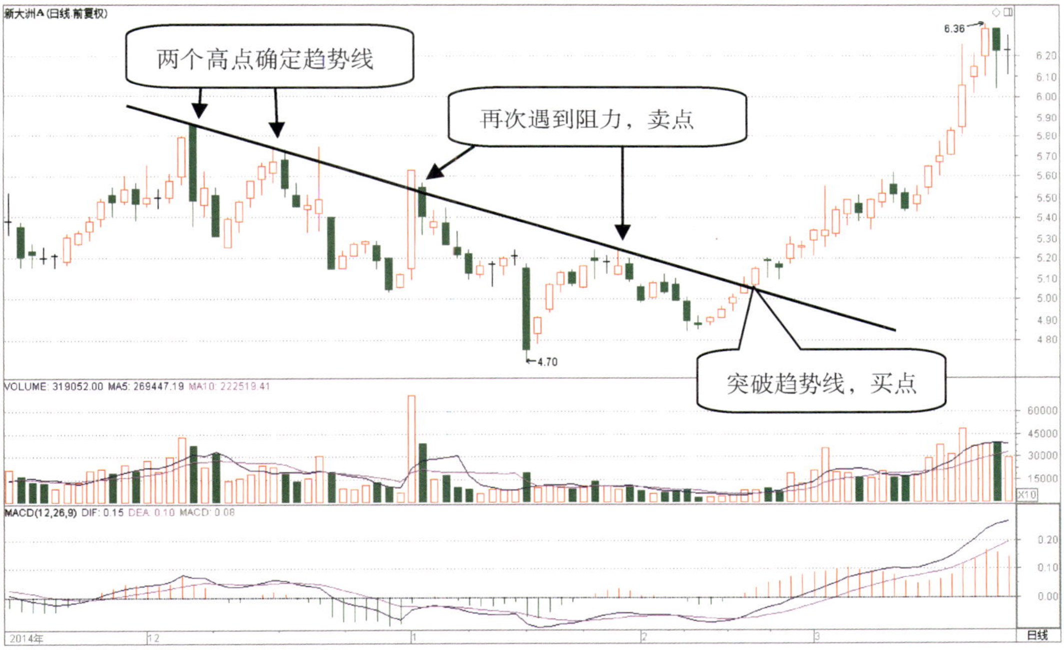

图 2－14　新大洲 A（000571）的日 K 线图

如图 2－15 所示，2015 年 5 月至 7 月初，明星电缆（603333）股价在持续下跌的过程中，多次反弹至 5 日均线位置时遇阻下跌。这样的形态说明 5 日均线是股价下跌重要的阻力线，是一条下降趋势线。这样的下降趋势线确认后，投资者应该尽快抛出股票。

直到 7 月 14 日，股价以涨停的形态突破了 5 日均线，下降趋势线被破坏，这时投资者才能考虑买入股票。

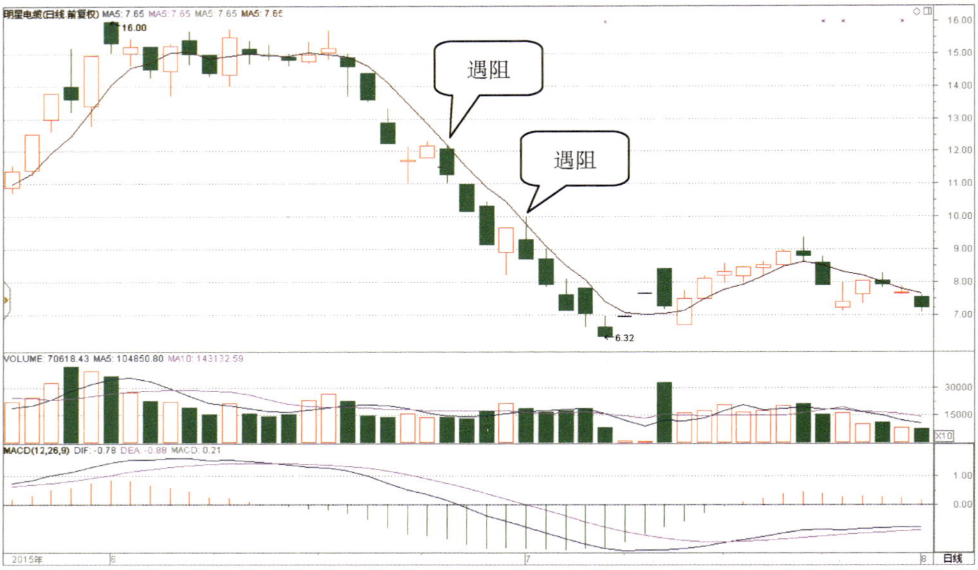

图 2－15　明星电缆（603333）的日 K 线图

2.3.2　股价持续无量阴跌

如果在股价持续下跌的过程中，成交量一直保持在比较低的水平上，既没有明显放量，也没有继续缩量，就说明随着股价下跌，市场上的交易越来越冷清，市场上已经没有太多投资者关注后市行情走向。虽然抛出股票的投资者很少，但同样也没有多少投资者买入股票。

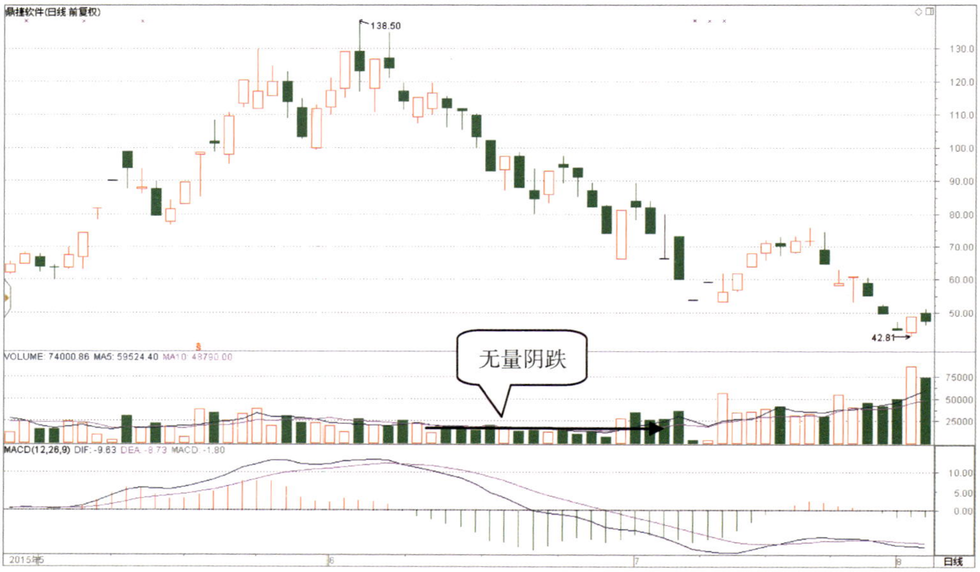

图 2－16　鼎捷软件（300378）的日 K 线图

一旦进入这种无量空跌的行情，股价在短期内就很难再获得投资者的关注，未来将会延续这种下跌行情。因此当看到这种形态时，投资者应该尽快卖出股票。

如图 2－16 所示，2015 年 6 月中下旬，鼎捷软件（300378）股价在持续下跌的过程中，其成交量一直保持在非常低的水平上，形成了无量阴跌趋势。这样的形态说明此时该股失去了投资者的关注，短期内将会持续下跌。在这个过程中，投资者应该抛出股票，回避持续下跌的风险。

直到 6 月底，该股的成交量才在底部开始放大，同时股价也逐渐获得了支撑。

2.3.3　技术指标持续走弱

在股价持续下跌的趋势中，如果股票的 KDJ、MACD 等技术指标中的指标线也持续走弱，就说明股价下跌趋势已经得到了指标方面的验证，这是下跌趋势很强的信号。看到这样的信号后，投资者应该坚定地抛出股票，回避风险。

如图 2－17 所示，2015 年 6 月至 7 月初，新天科技（300259）股价在持续下跌的同时，其 MACD 指标中的 DIFF 线和 DEA 线也在下跌，并且其中的绿色柱线越来越长。这样的形态验证了股价处于下跌过程中，并且下跌趋势越来越强的信号。看到这样的信号后，投资者应该尽快卖出手中的股票，回避风险。

图 2－17　新天科技（300259）的日 K 线图

2.4 当股价结束反弹时卖出股票

股价持续下跌的中途，可能会形成比较强势的反弹行情。对于短线投资者来说，可以借助这样的反弹进行操作。一旦反弹行情结束，股价继续下跌，就是投资者抛出股票的时机。

2.4.1 股价在下降趋势线附近遇到阻力

在股价下跌的过程中，可能会遇到某条直线或者均线的阻力，这条直线或均线就是下降趋势线。如果股价反弹至下降趋势线附近遇到阻力开始下跌，就说明这条下降趋势线的阻力作用仍然存在，在这种情况下，投资者应该尽快卖出手中的股票，回避风险。

如图2－18所示，2014年11月至12月，宁波中百（600857）股价在持续下跌的过程中，连续多次反弹的高点可以组成一条直线，也就是该股的下降趋势线。

12月16日，当股价再一次反弹至这条趋势线附近遇到阻力下跌时，说明其阻力作用仍然存在。受到这条趋势线的压制，未来股价将会遇到阻力继续下跌，此时投资者应该尽快抛出股票。

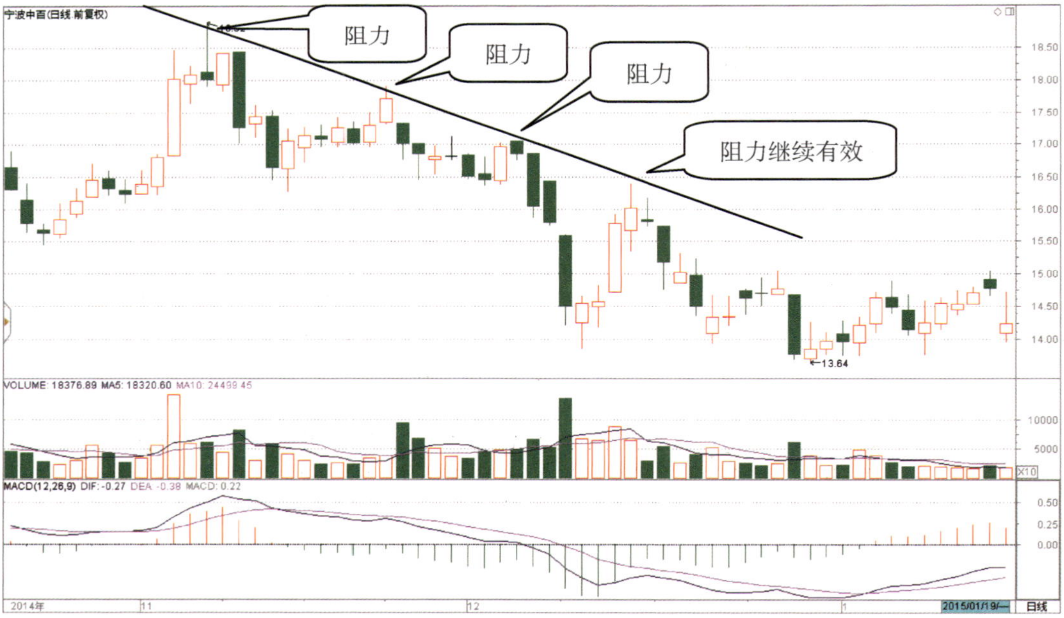

图2－18 宁波中百（600857）的日K线图

如图2－19所示，2014年11月至12月，潍柴重机（000880）股价在下跌过程中多次反弹至其30日均线附近时都遇到阻力下跌。这样的形态说明30日均线是股价下跌重要的阻力线。

2015 年 1 月 7 日，该股股价再次反弹至 30 日均线附近时遇到阻力下跌。这样的形态说明该位置上的阻力作用仍然有效，未来股价将会遇阻继续下跌。看到这种形态后，投资者应该尽快卖出手中的股票。

图 2－19　潍柴重机（000880）的日 K 线图

2.4.2　股价跌破前期低点

当股价见底反弹时，形成的低点位置代表着股价下跌重要的支撑位。未来反弹行情结束后，如果股价跌破了这个支撑位，就标志着支撑反弹行情的多方力量已经崩溃，下跌趋势将会继续。看到这种形态后，投资者应该尽快卖出手中的股票。

如图 2－20 所示，2015 年 6 月 23 日，华润万东（600055）经过持续下跌行情后，在底部获得较强支撑，股价开始反弹，但是这次反弹只持续了三个交易日。

6 月 26 日，当股价下跌时，跌破了 23 日获得支撑的价位，这标志着反弹行情已经结束，未来股价将会继续下跌。看到这种形态后，投资者应该尽快卖出股票。

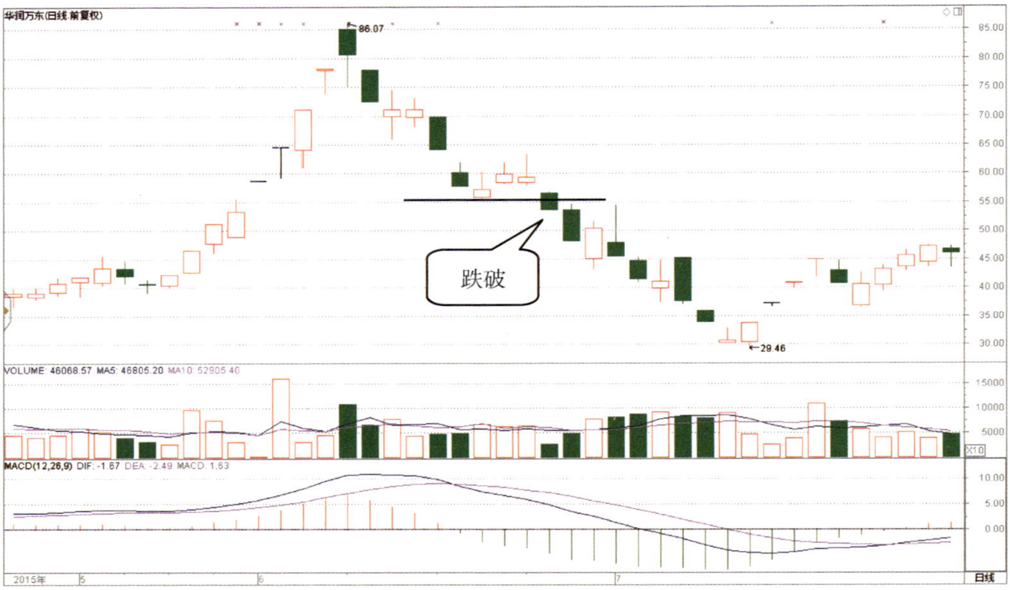

图2－20　华润万东（600055）的日K线图

2.4.3　技术指标调整后再次走弱

在股价下跌后形成反弹的同时，其技术指标也有走强的趋势。如果股价反弹遇阻后开始回落，刚刚走强的技术指标也与股价一起再次走弱，就是对反弹行情已经结束的验证。得到这样的验证后，投资者应该立即卖出手中的股票。

图2－21　大智慧（601519）的日K线图

如图 2-21 所示，2015 年 5 月，大智慧（601519）股价在下跌过程中形成反弹，同时其 MACD 指标中的 DIFF 线和 DEA 线也形成金叉开始上涨。

进入 6 月后，股价反弹的趋势逐渐减缓，同时 MACD 指标中的两条曲线也逐渐回落。6 月 11 日，当 DIFF 线跌破 DEA 线形成死叉时，标志着 MACD 指标已经再次走弱。这是对反弹行情失败的验证。看到这个信号后，投资者应该立即卖出手中的股票。

第 3 章　股票分笔买卖的方法

学会判断买卖时机只是学会买卖交易的第一步。投资者要想真正学会买卖，还应该了解买卖股票时仓位控制的技巧。具体来说，投资者应该知道把自己的资金分成几部分，以及在每一个买卖时机进行多大规模的交易。

3.1　分笔买卖的方法

股票交易必然要面临一定的风险。看涨买入股票后，如果未来行情下跌，就会面临套牢的风险；看跌卖出股票后，如果未来行情上涨，就会面临踏空的风险。

如果投资者一次性买入或者卖出股票，一旦发生这样的风险就会束手无策。因此，为了控制风险，投资者可以选择分笔买卖的方法。具体来说，分笔买卖的方法主要有以下几种。

3.1.1　将仓位分为两笔

分仓交易时，投资者可以将自己希望投入的资金分成两个部分，分两次交易。

例如，想要买入股票时，可以在觉察到上涨信号时买入一部分，等上涨趋势完全确认后，再继续买入，完成建仓。这样做的好处是：如果第一次买入后股价下跌，就不至于全部资金都被套牢。

相反，如果投资者觉察到下跌信号想要卖出股票时，可以在信号刚刚出现时先卖出一部分，等下跌趋势完全确认后再继续将剩余的股票全部卖出。这样做的好处是：如果第一次卖出后股价上涨，就不至于让所有资金全部踏空。

3.1.2　将仓位分为三笔

将仓位分为三笔交易的方法与分为两笔交易的方法基本一致，只是投资者应该将自己的资金分成三部分。随着上涨信号的出现，当投资者想买入股票时，可以在不同的时点上分三次买入；随着下跌信号的出现，当投资者想卖出股票时，可以在不同的时点上分三次卖出股票。

3.1.3 将仓位分为10笔

将仓位分为10笔交易的方法要比前两种交易方法更加自由。投资者可以将自己的资金量分成10个部分，当想买入股票时，随着上涨信号的确认，依次确认几个买入时点，分别买入股票，每一次投入的资金份数可以自由确定。

例如，如果上涨信号刚刚出现上涨趋势就已经很强，投资者就可以大量买入股票，如用10份资金中的7份买入。随后，在上涨趋势完全确认后，再买入剩余的股票。如果上涨信号刚出现时上涨趋势还很弱，投资者就应该先少量买入股票，如用10份资金中的4份买入。随后，在上涨趋势完全确认后，再买入剩余的股票。

卖出股票时，操作方式也一样。投资者应该将自己持有的股票分成10份。如果下跌信号刚刚出现下跌趋势就已经很强，投资者就应先卖出尽量多的股票，如卖出10份股票中的7份。随后，在下跌趋势完全确认后，再卖出剩余的股票。如果下跌信号刚刚出现时下跌趋势还很弱，投资者就应该先少量卖出股票，如卖出10份股票中的4份。随后，在下跌趋势完全确认后，再卖出剩余的股票。

3.2 根据股价涨跌幅度分笔买卖

投资者的分笔买卖交易要根据股价的涨跌趋势来确定。有一个比较简单的方法是根据股价每次涨跌的幅度来确定分笔投入的资金。

3.2.1 上涨过程中分笔买入

当投资者判断股价向上突破，形成上涨行情时，可以把手中的资金分成三个部分。刚完成突破时，就可以买入股票；如果突破以后，突破的幅度达到3%，就可以加仓买入一部分；如果突破后股价能够在突破位置上方维持3个交易日，则继续加仓买入，完成建仓。在实战中，前面两个买点可能重叠，后面两个买点的位置可以交换。

如图3-1所示，2014年10月至2015年2月，方正科技（600601）股价在上涨过程中多次在同一个价位上遇阻回落，这个位置上存在很大的抛盘压力。

2月16日，股价对这个位置形成了有效突破，这样的形态说明上涨行情开始，此时投资者可以买入股票。为了回避假突破可能造成的套牢风险，投资者可以将自己的资金分成三份，这次买入时先投入一部分资金。

两个交易日后，股价大幅上涨，对前期高点的突破幅度达到3%，此时投资者可以积极加仓买入。第三个交易日，股价继续上涨，此时已经连续3个交易日保持在突破位置上方，这是对上涨趋势的进一步确认，此时投资者可以继续加仓买入，完成建仓。

图 3－1　方正科技（600601）的日 K 线图

3.2.2　下跌过程中分笔卖出

当投资者判断股价跌破重要支撑位，形成下跌行情时，可以把手中的股票分成三部分。跌破形态刚刚完成时，就可以卖出一部分股票。如果跌破以后，下跌的幅度达到 3%，就可以继续抛出一部分股票。如果跌破后股价在跌破位置下方保持 3 个交易日，无法反弹上涨，则是对下跌信号的进一步确认，投资者可以继续将手中的股票全部抛出。在实战中，前边两个卖点可能重叠，后边两个卖点的位置可以交换。

如图 3－2 所示，2015 年 4 月至 5 月，华润万东（600055）股价一直沿着其 10 日均线持续上涨。这样的形态说明 10 日均线是股价上涨重要的支撑线。

6 月 18 日，股价跌破了 10 日均线的支撑。这说明之前的上涨趋势结束，下跌趋势已经开始。看到这样的形态后，投资者应该卖出手中的股票。为了回避未来股价反弹造成的踏空风险，投资者卖出时可以将手中的股票分成三份。因为跌破的当日股价大幅下跌，已经跌破了支撑位 3% 的幅度，这时投资者应该卖出手中三份股票中的两份。

跌破均线三个交易日后，股价虽然获得了一定的支撑，但是无法重新回到 10 日均线之上。这样的形态是对下跌趋势的进一步确认，投资者应该继续清空手中的股票。

图 3-2 华润万东（600055）的日 K 线图

3.3 根据走势变化分笔买卖

对于使用各种技术分析手段预测股价未来走势的投资者来说，可以将分笔买卖股票的策略与自己对股票走势图的分析结合起来，进行分笔的买卖操作。

3.3.1 根据 K 线形态分笔买卖

在很多 K 线形态中，看涨或者看跌信号都是分次得到确认的。借助这些形态，投资者可以在每一次看涨或者看跌信号得到确认时都进行一次交易，达到分笔交易的目的。

如图 3-3 所示，2015 年 4 月 20 日和 21 日，康恩贝（600572）股价经过前期下跌后，K 线图上形成了曙光初现形态。这样的形态说明股价下跌后获得较强的支撑，未来将会被持续向上拉升。看到这种形态时，投资者可以积极买入股票。但是，为了回避未来行情继续下跌的风险，此时投资者可以采用分笔建仓的方法，先买入一部分股票。

4 月 22 日，该股股价持续上涨，突破 20 日那根阴线的开盘价。这样的形态是对上涨趋势的验证，此时投资者可以加仓买入股票，完成建仓。

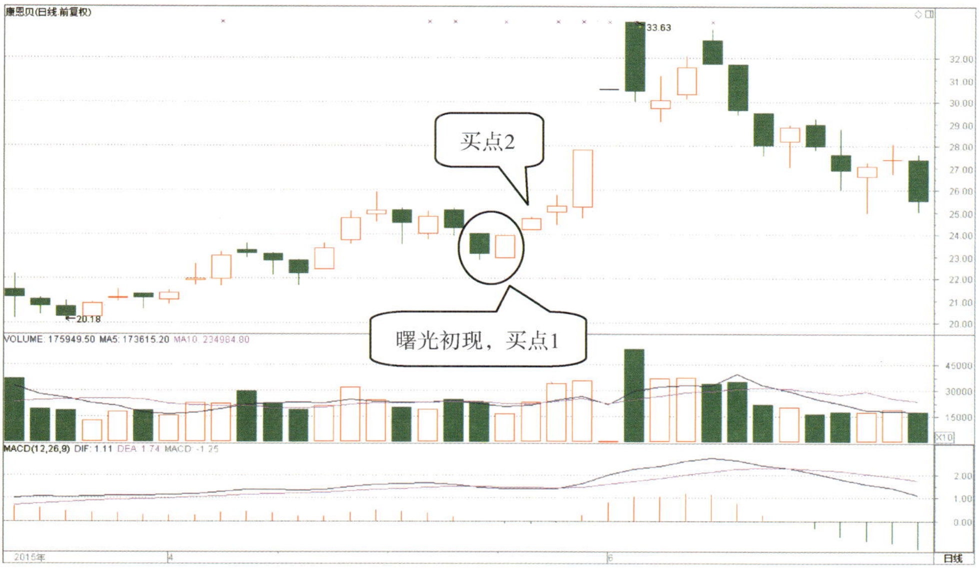

图3－3　康恩贝（600572）的日K线图

如图3－4所示，2015年6月11日和12日，珠海港（000507）股价上涨至高位后，连续两根K线组成了看跌孕育线组合。这样的形态说明股价上涨后遇到巨大阻力，多空双方陷入僵持，此时股价有见顶下跌的趋势，投资者应该卖出股票。但是，为了避免之后踏空的风险，投资者可以将手中的股票分成两个部分，此时先卖出其中一部分。

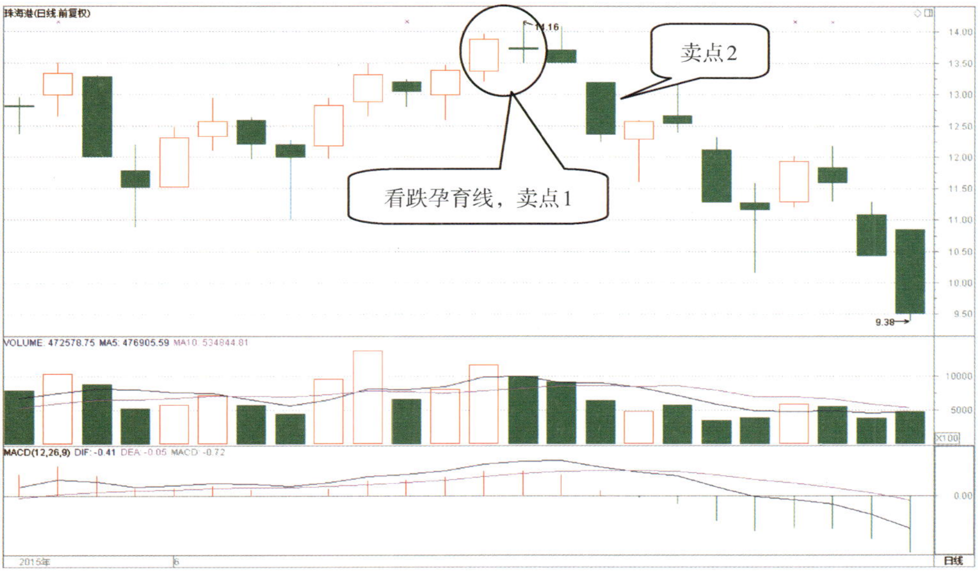

图3－4　珠海港（000507）的日K线图

两个交易日后，该股股价开始见顶下跌，跌破了看跌孕育线中阳线的开盘价。这种形态说明下跌趋势已经开始，此时投资者应该尽快将手中的股票全部清空。

3.3.2　根据股价走势分笔买卖

当股价形成一些特殊的走势时，也是相当于对涨跌趋势的反复确认。在反复确认的过程中，投资者可以将仓位分成几个部分，根据形态的变化分笔交易股票。

如图3－5所示，2016年5月12日，西山煤电（000983）股价下跌至日K线底部6.68元后，开始小幅上行。上行到7.83元后再次下落，在下行段不能有任何仓位。下行到6.75元后，开始上行。6月15日的6.75元是上行的起点，6.75元是当时的实际最低价。6.75元右上方，可以分批进场。6月16日的最低价是6.84元，6月17日的最低价是6.87，6月20日的最低价是7.19元，6月21日的最低价是7.26元，6月22日的最低价是7.38元。日K线最低价上行，处于上升趋势，可以分笔进场。

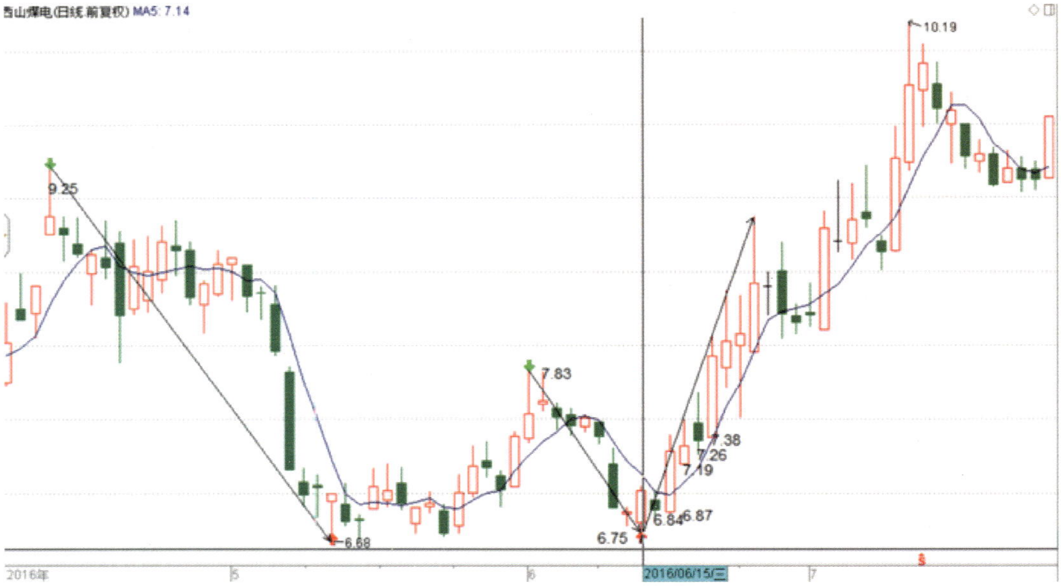

图3－5　西山煤电（000983）的日K线图

如图3－6所示，2014年9月至10月，丹邦科技（002618）股价上涨到高位后连续两次上涨到几乎同一个价位时遇阻下跌，形成双顶形态。这样的形态说明股价上涨遇到巨大阻力，是股价即将见顶下跌的信号。投资者在第一次回调的低点画水平线，就可以得到这个形态的颈线。

10月14日，股价跌破双顶形态颈线，此时投资者应该尽快将手中的股票卖出。

跌破颈线后，股价又形成了回抽的行情，但没能突破颈线就再次下跌。这次回抽是对双顶形态的确认，也是投资者逢高卖出股票的机会。

图 3－6　丹邦科技（002618）的日 K 线图

3.3.3　根据技术指标分笔买卖

如果投资者经常使用技术指标辅助交易，就可以发现很多技术指标的信号也是分多次对同一个涨跌趋势进行反复确认。在技术指标反复确认的过程中，投资者就可以依照指标给出的多个信号，将自己的仓位分成几个部分进行交易。

如图 3－7 所示，2015 年 2 月至 3 月，中国银行（601988）股价在持续下跌并创出新低的同时，其 MACD 指标的绿色柱线却没有创新低，反而出现了一底比一底高的上涨走势，两者形成底背离形态。这样的形态说明虽然股价持续下跌，但是打压股价下跌的力量越来越弱，未来股价有见底反弹的趋势。看到这种信号时，投资者可以考虑抄底买入股票。为了回避下跌风险，买入股票时最好采用分笔交易的策略。

首先，当股价下跌至第二个底部，底背离形态基本确认时，投资者就可以先试探性地买入股票，建立一部分仓位。

其次，该股的绿色柱线逐渐变短，并且在 3 月 12 日变成了红色柱线，这是对上涨趋势的验证，此时投资者可以积极加仓买入股票。

最后，随着股价的逐渐上涨，指标中的 DIFF 线也持续上涨。3 月 18 日，当 DIFF 指标线突破 0 轴时，标志着上涨行情完全确认。此时投资者可以积极加仓，完成建仓。

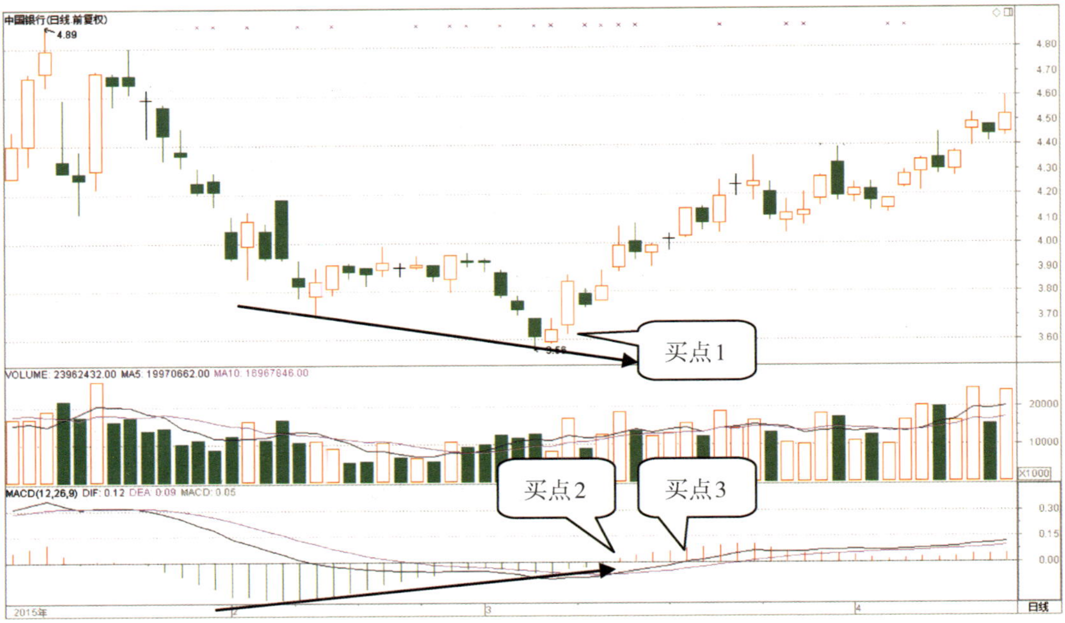

图 3－7　中国银行（601988）的日 K 线图

如图 3－8 所示，2015 年 5 月至 6 月，有研新材（600206）股价在高位创出新高的同时，其 MACD 指标的红色柱线却越来越短，两者形成了顶背离形态。这样的形态说明虽然股价在持续上涨，但是推动其上涨的内在动能越来越弱，形成看跌卖出信号。看到这样的形态时，投资者应该尽快卖出手中的股票。为了避免踏空风险，投资者可以将股票分笔卖出。

首先，当股价形成第二个顶部时，顶背离已经确认，此时投资者应该先抛出一部分股票。

其次，当 MACD 指标中的红色柱线越来越短，最终变绿时，说明下跌趋势已经展开，此时投资者应该继续抛出股票。

最后，当指标中的 DIFF 线跌破 0 轴时，说明下跌趋势已经完全确认，这时投资者应该将手中剩余的股票全部清空。

图3－8　有研新材（600206）的日K线图

第4章　股票止损和止盈的方法

任何投资者分析股价走势时都有失误的可能。为了避免分析失误造成巨大亏损，投资者一定要使用止损的方法严格控制交易的亏损幅度。

4.1　设定止损位

投资者买入股票的同时，要做好止损策略。因为世界上没有100%成功的股票交易，对于每一笔交易都要防患于未然。

4.1.1　设定止损位的方法

设置止损位的具体操作方法是投资者交易产生亏损后，只要亏损的幅度达到事先预定的一个比例，就应该坚决抛出股票，防止亏损进一步扩大，把交易的亏损控制在可以接受的范围内。

例如，投资者将买入价向下浮动5%作为止损位，如果买入后股价向下跌幅达到或超过5%，就进行止损。对于短线投资者来说，可以适当缩小这个比例，如定为 1% 或者 2%；对于中长线投资者来说，可以适当增大这个比例，但是不应该超过 10%。

如图 4－1 所示，2015 年 6 月 2 日，美菱电器（000521）股价突破前期横盘高点。这说明经过前期的持续整理后，股价开始上涨，是看涨买入信号。当日收盘前投资者可以建仓买入股票。

假设投资者以当日收盘价 10. 15 元买入股票，设定向下浮动 5% 的止损位，止损价格为 9. 64［10. 15 ×（1－5%）］元。

随后，股价上涨一段时间后开始回落。如果投资者没有在高位卖出股票，那么当股价跌破止损位 9. 64 元时，就应该果断地卖出手中的股票，避免损失扩大。

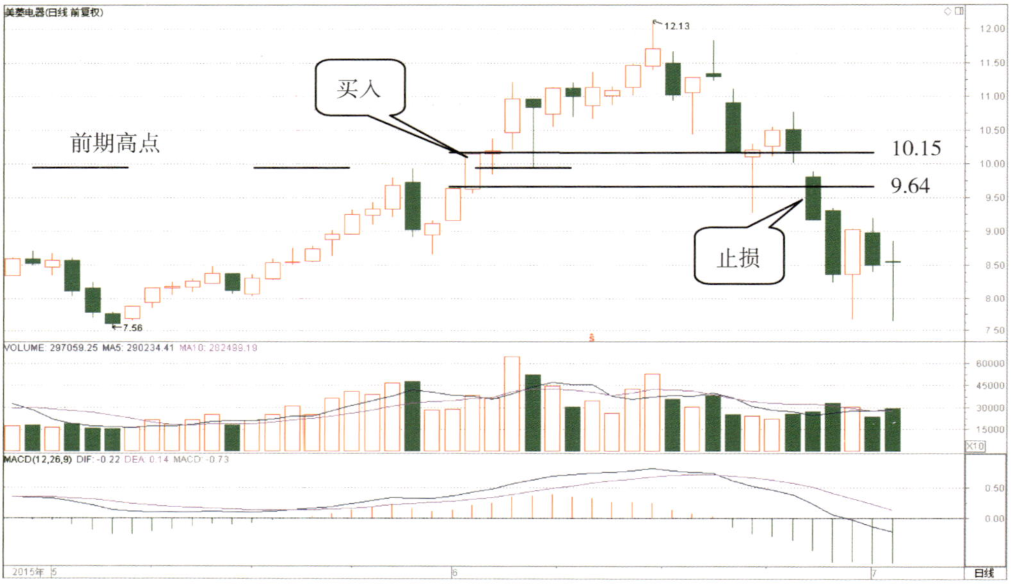

图 4－1 美菱电器（000521）的日 K 线图 1

4. 1. 2 设定止损位的操作纪律

止损位的设定方法非常简单，难点在于操作要果断。具体包括以下两点：

第一，止损位一定要在买入股票的同时就设定好，并且在买入后就不要再更改。

这是因为投资者在股票交易前，对股票未来走势的思考相对客观，制定的止损位也更加科学。如果买入股票后，心态就会发生变化，即使亏损也不愿承认自己判断失误，若此时再对止损位进行修改，那么设置止损位就没有意义了。

第二，对止损的执行一定要果断。

很多时候，投资者按照设定的止损位卖出股票后，却发现股票刚刚卖出股价就开始上涨，于是就对止损策略抱有偏见，未来的行情中也不再设置止损位。这是错误的。因为止损的策略不可能错误，如果投资者止损后股价继续上涨，那么只能是投资者自己的判断有误。对于这种情况，投资者一定要提高自己的判断水平，设定更加合理的止损位，而不是抛弃止损的方法。

4.2　设定止盈位

止损卖出股票的方法有一个明显缺点，就像上例一样，当投资者买入股票后，股价上涨时，投资者如果错过上涨过程中的卖点，最终要等到股价跌回止损位才卖出股票，这样原本获得的收益就会变成亏损。

为了弥补这种缺点，投资者可以选择使用止盈的方法。具体的止盈方法包括两种。

4.2.1　根据股价高低设定止盈位

这种方法与止损的方法类似。不同的是，投资者买入股票后，每次股价创出新高时都需要按照该高点向下回撤一定比例重新计算止损位。随着股价的上涨，投资者的止损位也会被持续抬高。最终当股价跌破止损位时，就果断卖出股票。因为这时止损位已经抬高，甚至超过了投资者的买入价格，变成了止盈位，投资者就可以避免将已经获得的盈利最终变成亏损。

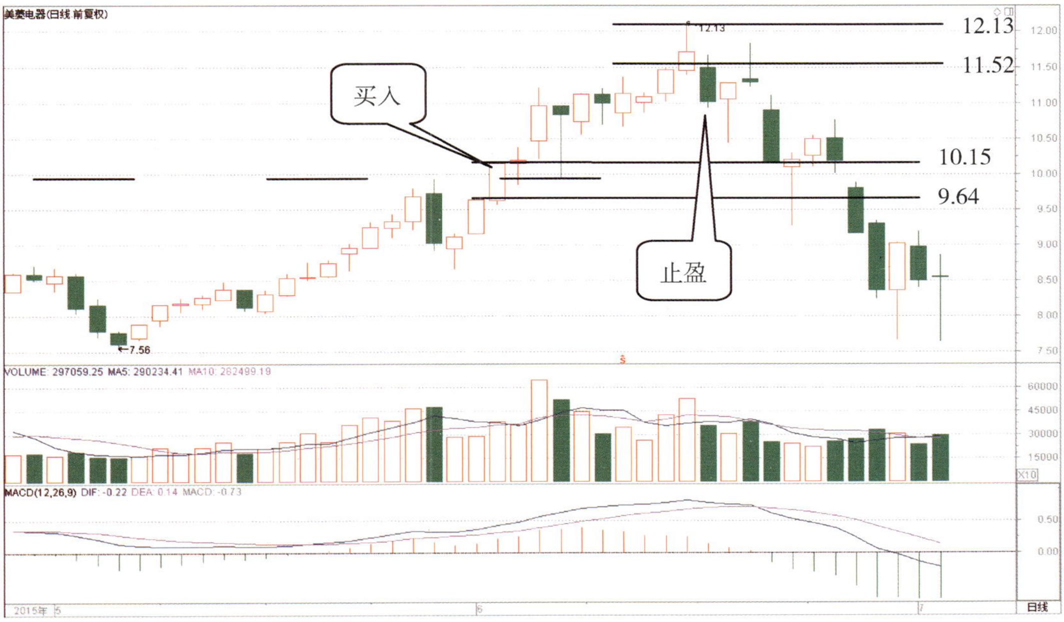

图4-2　美菱电器（000521）的日K线图2

如图 4－2 所示，还是以美菱电器这段走势为例来说明。2015 年 6 月 2 日，投资者以当日收盘价 10. 15 元买入股票后，设定向下浮动 5% 的止损位，止损价格为 9. 64 元。

在随后上涨的过程中，股价不断创出新高，每次创出新高后，投资者就可以顺势将止损位向上移动。例如，随后该股最高上涨至 12. 13 元，那么止损位也可以抬高至 11. 52 ［12. 13 × （1 －5% ）］ 元。此时的止损位已经高于投资者的买入价，变成止盈位。

创出新高后的第一个交易日，股价就见顶下跌，跌破了 11. 52 元的止盈位，此时投资者应该卖出股票。

投资者在实战中使用这种止盈方法的缺点是计算非常烦琐，股价每次创出新高后都要重复计算止盈价位。下一节将要介绍的趋势线止盈方法的计算就非常简单，只要找到合适的趋势线或均线就不用再重复计算。

4. 2. 2　根据股价趋势设定止盈位

如果在股价上涨的过程中，多次在某一条趋势线或者均线位置获得支撑，那么投资者就可以将这条趋势线或者均线作为向上浮动的止损线。只要股价位于止损线上方，就说明上涨行情还在继续，投资者可以积极持有股票。而当股价跌破止损线时，则说明上涨趋势结束，股价即将下跌，此时投资者应该卖出手中的股票。

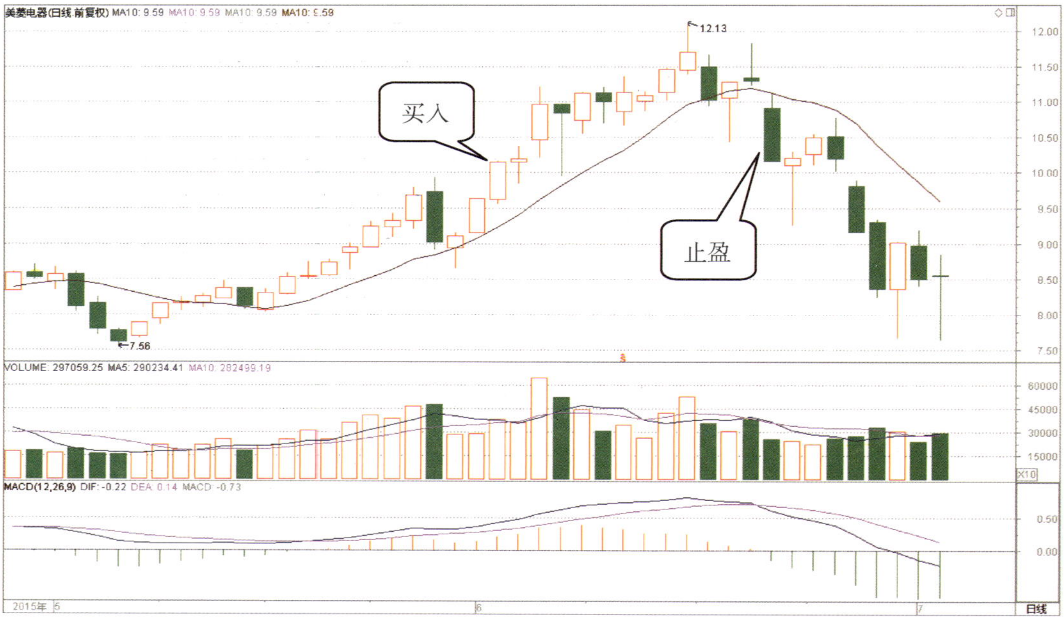

图 4－3　美菱电器（000521）的日 K 线图 3

趋势线止盈方法的缺点是适用情况比较有限，如果一只股票的走势中没有明显的趋势线或者均线，如当股票连续一字涨停的时候，投资者就不能用这种方法了。与之相对，浮动止盈方法适用情况广泛，几乎在所有的股票走势图中都能使用。

如图4－3所示，还是以美菱电器为例，2015年5月至6月，在该股股价上涨的过程中，多次获得10日均线的支撑。这说明10均线是股价上涨有效的支撑线，投资者可以将这条均线作为止损线。6月19日，股价跌破10日均线，这说明上涨趋势结束，股价见顶下跌，此时投资者应该尽快卖出手中的股票止盈。

以上两种止盈的方法各有优劣，投资者在实际操作过程中可以根据实际情况选择使用。

4.2.3　设定止盈位的操作纪律

设定止盈位和止损位的道理是相通的，投资者在实际操作时，只要选择其中之一就可以了。

无论止损还是止盈，具体的方法都比较简单，很容易学会。重点是投资者要在实际的操作中坚决执行。很多投资者在实际操作时都做不到这一点，当亏损达到限定的幅度时，会给自己找各种理由，不愿抛出股票，最终只能小亏变大亏，被深度套牢。

中 篇

做懂主力的炒股高手

第 5 章　识别主力建仓的股票

跟随主力操作是很多投资者喜欢的操作方法。无论股票的基本面如何、有没有实际利好消息，只要有主力介入其中，股价就很可能会形成巨大的涨幅。因此，投资者操作时只要跟随主力一起买入卖出，就能够获得丰厚的收益。

要想做到这一点，首先就是要找出那些主力正在建仓买入的股票，跟随主力一起买入。

5.1　主力建仓前的准备工作

建仓之前，主力会开展以下两项工作：

5.1.1　建仓前的市场环境选择

几乎所有的主力都讲究顺势交易。为了建仓之后的拉升考虑，主力往往选择在股价即将形成上涨趋势之前建仓。此时上涨趋势还没有开始，主力可以低价大量买入股票。而建仓结束后，股价就会进入持续上涨行情中，主力就可以顺势开始拉升操作。

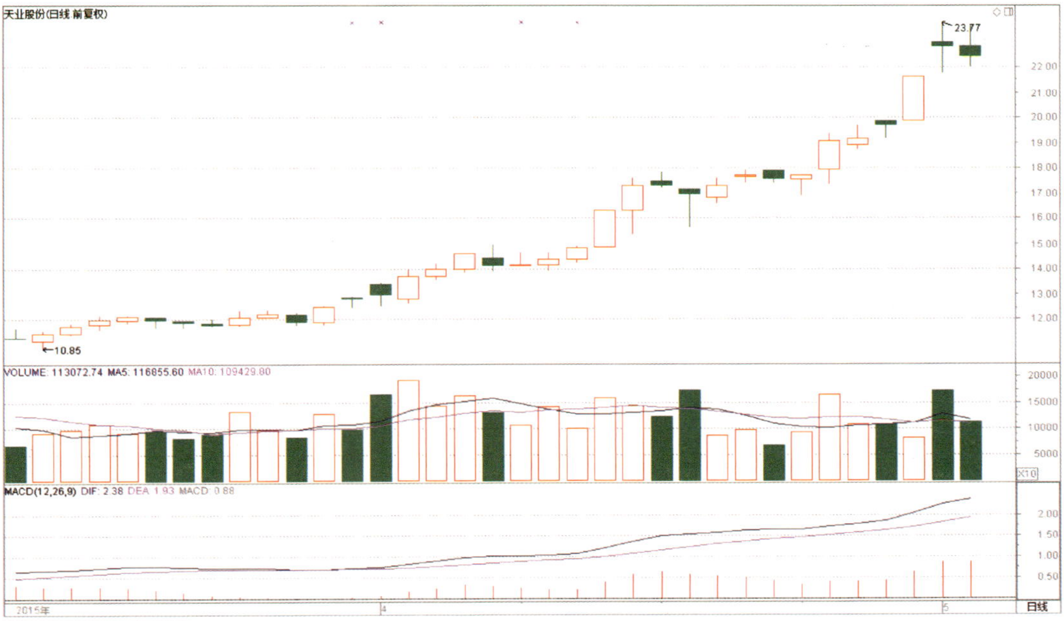

图 5－1　天业股份（600807）日 K 线图

如图 5－1 所示，2015 年 4 月，市场上有消息称央行会在五一节前降息。降息对房地产行业来说是重大利好，降息后，市场资金面会更加宽裕，房地产投资需求会大幅上升，房地产上市公司将因此而获利。

因此，主力选择在此时操作房地产行业股票，可以收到事半功倍的效果。例如，房地产股票天业股份（600807），受这条消息刺激，该股在整个 4 月都持续上涨，其间出现了两次涨停。

5.1.2 建仓前的试探性买入

建仓一只股票之前，主力往往会在盘中对股价形成快速的拉升或者打压。其目的是要测试市场上投资者持股是否稳定，衡量自己建仓买入股票的难度。

如图 5－2 所示，2014 年 12 月 9 日，依米康（300249）股价一开盘就被快速向下打压，这是该股的主力正在测试市场上的跟风卖盘强弱。经过开盘阶段的快速下跌之后，该股股价又持续下跌，并且成交量也持续放大，这说明很多投资者因为下跌行情而陷入恐慌，纷纷卖出了手中的股票。看到这种形态后，在随后几个交易日内，主力持续将股价向下打压，诱使投资者卖出股票，自己则建仓买入。

图 5－2 依米康（300249）的分时走势图（2014 年 12 月 9 日）

5.2 主力建仓的常用手法

主力建仓时，需要买入大量的股票。为了买入大量的股票，主力需要借助各种各样的方法来诱使散户投资者抛出股票。主力诱使散户抛出股票建仓的手法主要有以下几种。

5.2.1　砸盘建仓

这种方法是指主力将股价快速向下打压，不断跌破下方支撑位，让投资者对未来股价上涨彻底丧失信心，不愿再持有股票，进而在低位抛出，主力则在低位买入，最终完成建仓。这种方法在整个市场走弱或者投资者持股信心不足时经常会被采用。

如图5－3所示，2014年10月至12月，彩虹精化（002256）股价在主力的打压下持续下跌。每次下跌都能创出新低，而反弹则无法突破前次反弹高点。这样的形态会让很多投资者看空后市，从而纷纷抛出股票。在股价持续下跌的过程中，主力以低价买入股票，完成建仓操作。看到主力建仓的信号时，投资者可以在下跌过程中逐渐买入股票。

从随后的走势中可以看到，主力建仓完成后，该股就开始长时间停牌。复牌后，股价即开始以连续涨停的形态强势上涨。

图5－3　彩虹精化（002256）的日K线图

5.2.2　横盘整理建仓

这种建仓方法的具体方式为主力操纵股价进入一段上有阻力、下有支撑的横盘整理行情中。在这段行情中，股价每次上升到上方阻力位时都会遇到阻力下跌，而回落到下方支撑位时就会获得支撑上涨。

通过这样的横盘整理行情，主力会逐渐让散户投资者失去未来行情能够上涨的信心，从而抛出股票，而主力则可以借机完成建仓。如果在股价横盘整理的同时整个市场普遍上涨，则投资者的信心会更容易被耗尽，主力建仓也会更加容易。

如图 5－4 所示，2014 年 3 月至 7 月，太极集团（600129）股价在很长的一段时间里都在低位持续窄幅震荡。在这个过程中，投资者看到股价没有上涨的希望，于是纷纷抛出股票，而主力则买入股票完成建仓。

图 5－4　太极集团（600129）的日 K 线图

5.2.3　拉高建仓

在牛市行情中，投资者对后市普遍抱有乐观态度，主力将股价向下打压只能引来投资者的抄底买入，无法实现建仓目的。因此，主力为了买入股票就会反其道而行之，将股价持续向上拉升。在股价上涨的过程中，投资者手中持股的盈利不断增加，在这种情况下，就会有投资者认为已经达到自己的盈利预期，于是抛出股票，而主力则可以接入他们的抛盘完成建仓。

如图 5－5 所示，2015 年 2 月至 3 月，山煤国际（600546）股价在上涨初期持续温和上涨。在股价上涨的过程中，持有该股的投资者逐渐获利，达到自己的盈利目标后抛出股票。而主力在这个过程中逐步接盘买入股票，完成建仓的操作。随着股价的上涨，该股的成交量持续放大，这样的形态验证了主力正在建仓的信号。

图 5－5　山煤国际（600546）的日 K 线图

5.2.4　大幅震荡建仓

当主力认为使用简单的拉升或者打压方法无法收到良好的建仓效果时，就会操纵股价在底部大幅震荡。在这个过程中，投资者多次看到刚刚到手的收益又都失去，即使持股意愿最坚决的投资者也无法承受这种利润的反复得失，信心逐渐被耗尽，于是纷纷抛出手中的股票，主力则买入股票建仓。

图 5－6　佳电股份（000922）的日 K 线图

如图 5－6 所示，2014 年 9 月至 2015 年 2 月，佳电股份（000922）股价长期在一个比较大的区间内持续反复震荡。在这个过程中，投资者多次看到自己刚刚获得的利润又很快失去，于是逐渐失去持股的耐心，纷纷抛出手中的股票，而主力则完成了建仓操作。

5.3 主力建仓的盘面特征

主力建仓时，为了诱骗散户投资者抛出股票，会进行一系列的操作。这些操作必然会在走势图上留下一些痕迹，通过这些盘面痕迹，投资者就可以洞察主力建仓的动向，跟随主力一起买入股票。

5.3.1 股价上涨阻力明显

主力建仓时，股价上涨会遇到非常明显的抛盘压力。这些压力可能来自某个价位、某条趋势线或者均线位置。股价每次上涨至这个阻力位置时，都会被主力强势向下打压。经过这样多次打压后，投资者就会对未来行情能够突破阻力失去信心，从而卖出手中的股票。

如图 5－7 所示，2014 年 11 月至 2015 年 2 月，巨化股份（600160）主力建仓时，在 7～7.5 元价位区间制造了一个巨大的压力位。当投资者发现股价每次上涨至这个价位区间都遇到巨大阻力下跌时，就会对未来股价能够突破这个价位失去信心，于是逐渐卖出股票。在这个过程中，主力就可以建仓买入。

图 5－7　巨化股份（600160）的日 K 线图

5.3.2 成交量在低位聚集

主力买入股票时，会尽量隐藏自己买入股票的痕迹，避免散户投资者跟风盘抢夺筹码。但是，无论主力怎样隐藏自己的痕迹，只要有大量买入必然会伴随成交量的大幅放大，这是主力无法改变的。因此投资者在跟随主力操作时，可以用成交量与股价走势配合判断主力的坐庄行为。

如图5－8所示，2014年10月至2015年1月，嘉化能源（600273）股价在低位反复震荡，这是主力建仓时常用的手法。在股价震荡的过程中，该股的成交量多次大幅放大。这样的放量形态验证了有主力在这个价位买入股票的信号。看到这样的信号后，投资者可以跟随主力一起在底部买入。主力建仓结束后，该股股价被强势向上拉升。

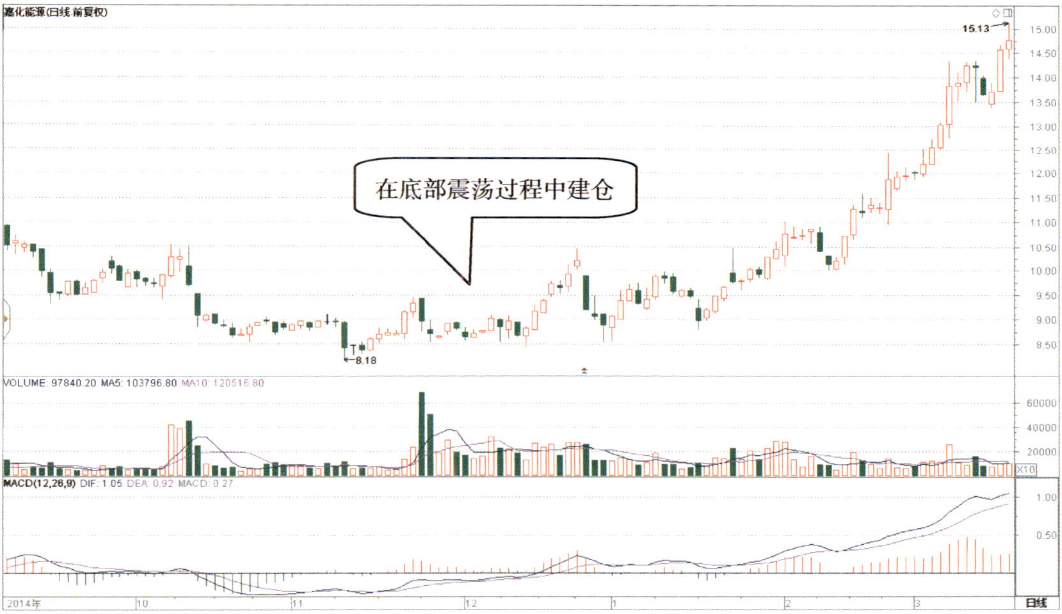

图5－8 嘉化能源（600273）的日K线图

5.3.3 大量卖盘主动抛出

主力在建仓买入的同时，为了诱骗散户投资者抛出股票，会在盘中用大卖单抛出股票，制造股价正在被强势向下打压的假象。看到这样的信号后，很多散户投资者都会产生恐慌而跟风卖出，主力就可以在低位买入他们的抛盘，完成建仓。

图5－9为2015年9月18日赣锋锂业（002460）的分时成交明细。从图中可以看到，一分钟时间内，连续有多笔巨大卖单抛出，将该股股价向下打压。这样的形态是主力建仓时的典型形态。通过这些巨大卖单，主力就可以在市场上制造恐

慌，诱使投资者在盘中抛出股票，自己则可以在低位买入，完成建仓操作。

09:40	23.15	420	S	46
09:40	23.08	1610	S	56
09:40	23.17	54	B	11
09:40	23.11	1081	S	60
09:40	23.15	229	B	23
09:40	23.07	35	S	11
09:40	23.08	444	B	32
09:40	23.02	138	S	20
09:40	23.00	687	S	25
09:40	23.02	154	S	22
09:40	23.00	1789	S	55
09:41	23.00	207	B	29
09:41	23.00	195	B	31
09:41	23.00	92	B	13
09:41	22.98	129	S	12

图 5－9　赣锋锂业（002460）的分时成交明细（2015 年 9 月 18 日）

5.3.4　技术指标持续走弱

主力在建仓的同时，为了诱使散户投资者看空后市而抛出股票，股票的技术指标会持续走弱，连续形成看跌信号。看到不断有看跌信号出现，散户投资者会看空后市而卖出股票，主力则可以借机买入，完成建仓操作。

图 5－10　捷顺科技（002609）的日 K 线图

如图5－10所示，2015年9月至12月，捷顺科技（002609）股价在持续下跌的过程中，其MACD指标中的DIFF线也持续下跌，不断创出新低。这样的弱势下跌信号会让很多投资者失去对该股未来走势的信心，从而纷纷抛出股票，主力则可以在这个过程中积极买入，完成建仓操作。

第6章　在主力拉升前买入股票

拉升是指主力将股价从建仓买入价位抬拉至出货目标价位的过程。拉升过程是整个主力操盘过程中涨幅最大的时段，只要抓住了主力拉升的过程，散户几乎就可以获得全部的跟随主力操作的利润。

6.1　主力拉升前的试盘策略

主力将股价向上拉升之前，往往会先进行一次试探性的买入操作，其目的是要测试上方的抛盘压力大小，制定之后将股价向上拉升的具体策略。

6.1.1　试盘时的K线形态

主力试盘时，会在盘中将股价快速向上拉升，然后让股价在散户投资者的影响下自由回落，测试上方的抛盘压力大小。因此主力试盘时，往往会在K线图上留下一根带有长上影线的K线，这样的K线形态称为单针探顶形态。

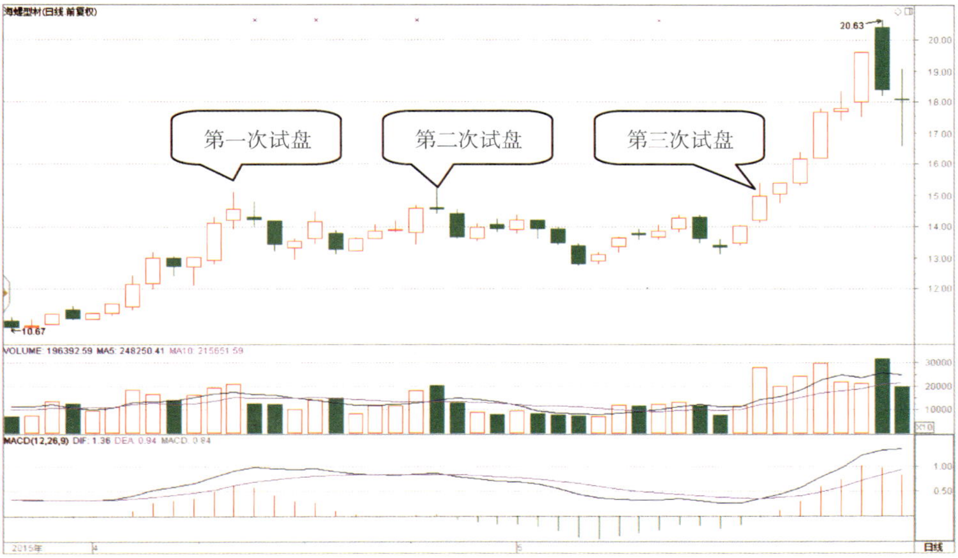

图6－1　海螺型材（000619）的日K线图

如图 6－1 所示，2015 年 4 月至 5 月，海螺型材（000619）股价上涨至 15 元整数价位附近后，形成了三根带有长上影线的 K 线，这样的形态是主力在关键价位上测试上方阻力位的典型形态。

在主力前两次测试时，K 线的上影线很长。这说明主力盘中拉升股价后，截至尾盘时股价发生了大幅回落，这是上方抛盘压力巨大的信号。

第三次试盘时，K 线的上影线很短，说明股价回落幅度较小，上方抛盘压力已经减小，主力具备了持续拉升股价的条件。

6.1.2　试盘时的分时线形态

主力测试上方抛盘压力大小时，在分时图中会形成开盘阶段快速上涨，之后股价缓慢回落的形态。经过快速上涨后，股价回落的速度越快、幅度越大，说明上方的抛盘压力越大，这时主力拉升的困难也就越大；相反，如果回落速度缓慢，回落幅度小，就说明上方抛盘压力较小，未来主力很容易就能将股价向上拉升。

如图 6－2 所示，2015 年 4 月 30 日，山东章鼓（002598）的主力在开盘阶段将股价迅速拉升后，股价在高位遇到了巨大的阻力，很快就形成下跌走势。这样的快速下跌说明此时该股上方存在巨大的抛盘压力，面对这样的压力，庄家很难将股价向上拉升。因此投资者可以判断，该股短期内不会强势上涨。

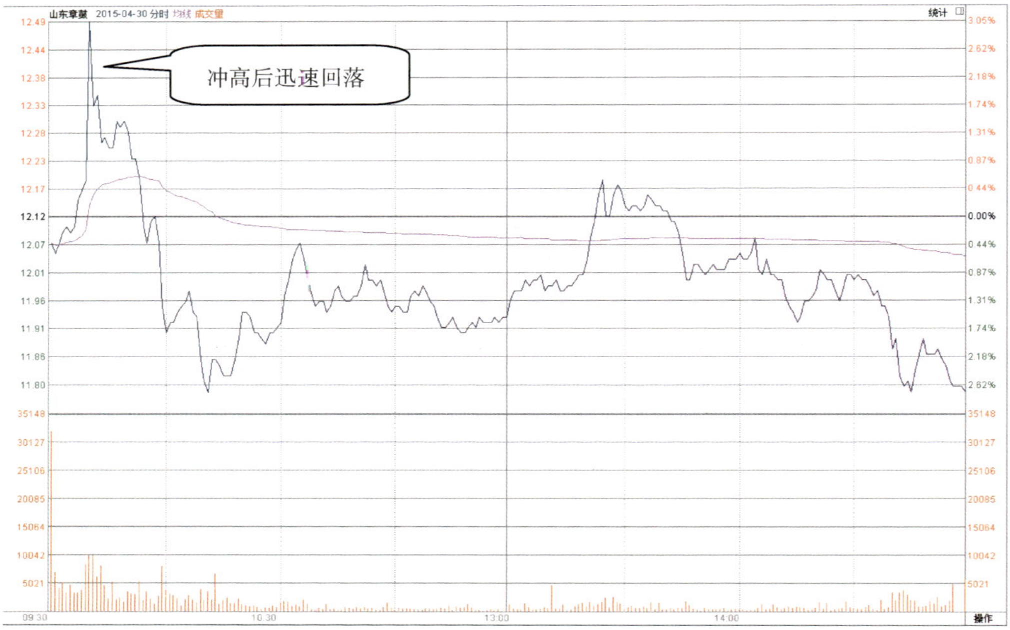

图 6－2　山东章鼓（002598）的分时走势图（2015 年 4 月 30 日）

如图 6－3 所示，经过几个交易日的调整后，5 月 13 日上午，山东章鼓的主力再次将股价拉升至高位后，该股回落的速度很慢。这样的形态说明上方的抛盘压力已经基本被消耗掉，主力可能很快就会将股价继续向上拉升。因此，投资者看到这样的形态后，可以积极追高买入操作。

图 6－3 山东章鼓（002598）的分时走势图（2015 年 5 月 13 日）

6.2 主力拉升的常用手法

测试清楚上方的抛盘压力位后，主力就会开始将股票的价格向上拉升。为了将股票价格拉升至理想的价位，主力拉升时可能使用的手法主要有以下几种。

6.2.1 慢牛式拉升

慢牛式拉升是指主力操纵股价在很长时间内沿着某条均线或者趋势线持续上涨，一直保持稳健上涨的形态。看到这样的稳健形态时，大量投资者会追高买入股票，协助主力完成持续拉升的操作。同时，因为这个过程中股价的上涨十分稳健，持有该股的投资者也会一致看好后市的发展，不会轻易抛出股票，股价的上涨也就不会遇到太大的阻力。

如图 6－4 所示，2015 年 3 月至 6 月，金谷源（000408）股价在庄家的操纵下，一直沿着其 20 日均线稳健上涨，并且每次回落至 20 日均线附近时都能获得支撑。在这个稳健上涨的过程中，持续有投资者看好该股的后市发展，追高买入股票，帮助主力将股价持续向上拉升。

图 6－4　金谷源（000408）的日 K 线图

6.2.2　逼空式拉升

逼空式拉升是一种非常强势的拉升方式，主力会在市场行情非常强势，或者股票成为市场热点时使用。具体的操作方法是主力在短期内大量买入股票，将股价迅速向上拉升，股价连续多个交易日都大幅上涨，甚至涨停，很快就上涨到了很高的位置，为主力创造巨大的盈利空间。

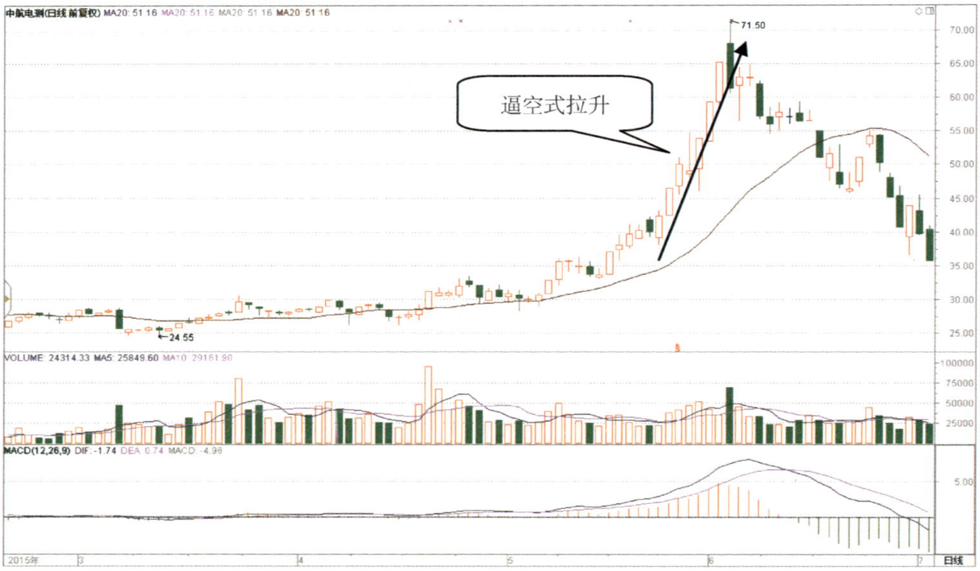

图 6－5　中航电测（300114）的日 K 线图

如图 6－5 所示，2015 年 5 月，中航电测（300114）股价短期内被主力强势向上拉升。在几个交易日内，股价的上涨速度越来越快，最后甚至形成了连续涨停的形态，这样的形态说明该股的主力正在将股价直线向上拉升。

6.2.3　阶梯式拉升

阶梯式拉升的具体做法是主力每拉升股价上涨一段时间，就打压股价持续横盘整理。看到这样的横盘整理形态时，之前已经获利的投资者感觉到股价上涨速度减缓，担心未来有见顶下跌的风险，就会纷纷抛出手中的股票。主力则借机巩固了市场筹码，避免这些获利盘在未来主力没有防备的时候抛出，打乱主力的坐庄计划。

经过横盘整理行情后，当股价突破横盘区间继续向上时，投资者看到股价开始上涨，又会纷纷买入股票，成为主力将股价向上拉升的助力。

阶梯式拉升中途的横盘整理可能会以三角形、矩形、旗形等形态出现。在一次持续的上涨行情中，这些形态可能会交替出现。

如图 6－6 所示，2014 年 10 月至 2015 年 5 月，美晨科技（300237）的主力在持续拉升股价的过程中，使用了阶梯式拉升的手法，每将股价拉升一段时间就操纵股价横盘整理。经过这样的拉升过程后，该股股价非常稳健地上涨到了很高的位置。

图 6－6　美晨科技（300237）的日 K 线图

6.3 主力拉升的盘面特点

主力拉升股价时，为了将股价拉升至目标价位，会充分调动散户投资者的投资热情，诱使散户投资者买入股票，让他们帮助自己将股价向上拉升。为了达到这样的目的，主力拉升时盘面经常会形成以下几个特点。

6.3.1 股价持续上涨

主力拉升时，股价会形成持续上涨的趋势，突出表现为每次回落都未跌破前期低点就再次向上，而每次上涨都能突破前期高点，创出新高。

如图 6－7 所示，2015 年 3 月至 5 月，中航光电（002179）股价在上涨的过程中，形成了非常稳健的持续上涨趋势。每次股价回落都不会跌破前期低点，而上涨时则能够突破前期高点。这样的持续上涨形态会充分调动散户投资者的买入热情，让他们持续买入股票，帮助主力实现拉升股价的目的。

图 6－7 中航光电（002179）的日 K 线图

6.3.2 有明显的上涨趋势线

主力拉升股价时，为了给散户投资者信息，会制造一条明显的上涨趋势线。每次股价回落至这条趋势线时，主力都会给股价强势支撑，让其继续上涨。看到股价的上涨行情有所依托，散户投资者就会坚定看好股票后市发展的决心，纷纷买入股票，帮助主力实现拉升股价的目的。

如图6-8所示，2015年2月至4月，亚太实业（000691）的主力在拉升股价的过程中，形成了一条明显的上升趋势线。股价每次回落至这条趋势线时都会获得支撑继续上涨。看到股价上涨行情持续，散户投资者纷纷追高买入股票，已经持股的投资者也继续稳健持股。在这样的市场环境下，主力很容易就将股价拉升至很高的位置。

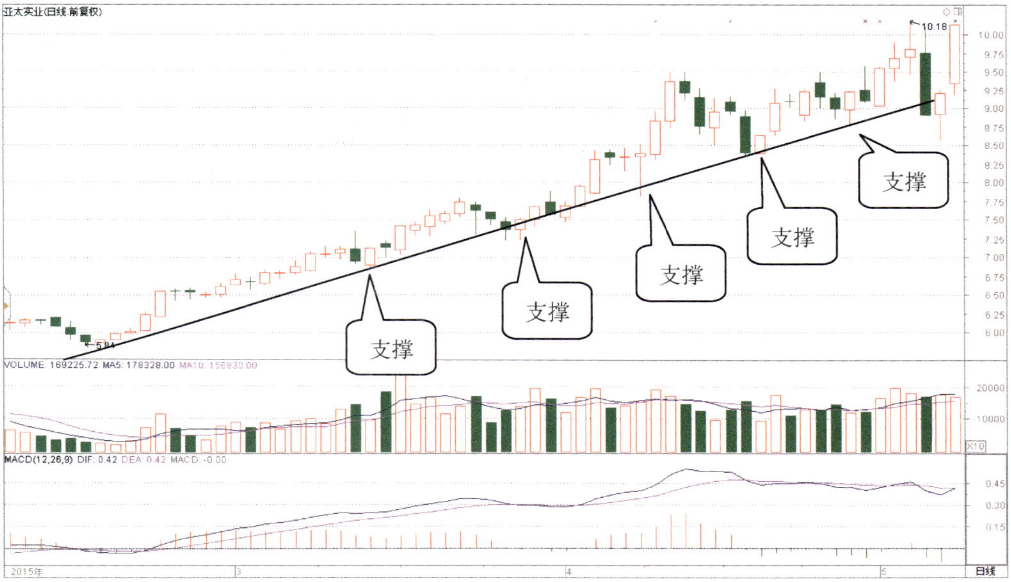

图6-8　亚太实业（000691）的日K线图

6.3.3　成交量持续放大

主力在拉升股价上涨的同时，因为大量散户投资者被诱骗而追高买入股票，所以成交量会形成持续放大的趋势。

因此，如果拉升过程中成交量持续放大，说明主力在持续拉升股价，散户也在持续追高买入，是股价会持续上涨的信号。当股价上涨至高位后，如果股价被拉升的同时成交量萎缩，则说明拉升行情已经接近尾端，主力不再努力拉升，追高买入的散户也越来越少，未来股价难以继续上涨，可能会形成见顶行情。

如图6-9所示，2015年5月中下旬，万福生科（300268）股价在持续上涨的同时，其成交量也持续放大。这样的形态说明该股的上涨行情十分强势，不仅主力在持续拉升股价，散户投资者也不断追高买入。这是股价将被持续拉升的信号。

进入6月后，虽然该股股价还在上涨，但是其成交量已经明显萎缩。这样的形态说明主力不再将股价向上拉升，散户投资者也不再大量追高买入，该股的上涨行情已经到尽头，未来将有见顶下跌的风险。

图 6－9　万福生科（300268）的日 K 线图

6.3.4　技术指标持续走强

在拉升股价上涨的过程中，为了诱使散户投资者买入股票，主力会尽量促使股票的技术指标形成强势看涨形态。只有看到技术指标持续走强，散户投资者才会不断追高买入股票，帮助主力持续将股价向上拉升。

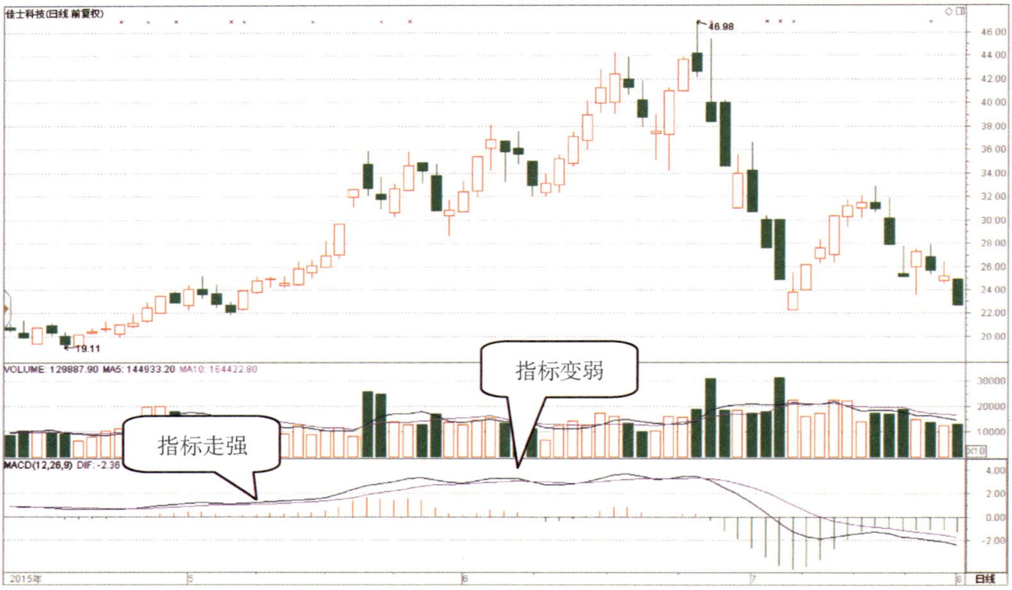

图 6－10　佳士科技（300193）的日 K 线图

如图6－10所示，2015年4月至5月，佳士科技（300193）股价在持续向上拉升的过程中，其MACD指标中的曲线也持续上涨，红色柱线也持续变长。这样的形态说明股价的上涨趋势越来越强。看到指标形态走强，散户投资者就会不断追高买入股票，帮助主力持续将股价向上拉升。

进入6月后，虽然股价继续上涨并创出新高，但是MACD指标中的曲线却在高位持续震荡，无法继续上涨，同时红色柱线也越来越短，与股价上涨形成了背离。这样的形态说明虽然股价上涨，但是上涨趋势减弱。看到这样的形态后，散户投资者会担心后市风险，不再追高买入股票，该股的上涨行情也到了尽头。

6.4　根据拉升手法区分长线主力和短线主力

股市上的主力有长线主力和短线主力之分。

长线主力是长期操作一只股票的主力。这类主力会在较长的周期内对股价进行拉升，不追求短期内的上涨幅度。跟随这种主力操作时，投资者可以长期稳定持股。

短线主力是短期操作一只股票的主力。这类主力会在很短时间内将股价拉升至高位后出货，不会长期持股。跟随这种主力操作时，投资者应该保持短线思维，快进快出。

通过拉升股价的过程，投资者可以明确区分出长线主力和短线主力，从而采取不同的操作策略。

6.4.1　拉升中的涨停频率

长线主力在拉升过程中，会尽量追求稳健操作，很少将股价拉升至涨停板。因为如果股价涨停的话，短期内往往有大量获利盘涌出，会对股价长期上涨造成压力。

短线主力在拉升过程中，则会尽量在短期内将股价拉升至更高的价位，因此，只要有可能，短线主力就会将股价拉升至涨停板，借以吸引市场人气，将股价持续拉升。

6.4.2　成交量变化的趋势

长线主力在拉升过程中，会注意劳逸结合，每次将股价拉升一段时间后，都会操纵股价缩量整理，稳固市场筹码。

短线主力则会坚持趁热打铁的理念，持续将股价放量向上拉升，除非股价上涨遇到巨大阻力，否则主力不会让股价回落，也不会让成交量萎缩。

6.4.3　上方抛盘压力大小

长线主力在拉升过程中，会非常重视控制上方的抛盘压力，只要觉察出有抛盘压力增大的迹象，就会操纵股价在低位横盘整理，消化上方的压力筹码。

短线主力对上方的抛盘压力则不是特别重视，很多时候，短线主力都会顶着上方的抛盘压力，持续将股价向上拉升。

6.4.4 技术指标的超买状态

以 KDJ 指标为代表的超买超卖型指标也是区分短线主力和长线主力的要点。

长线主力的整个拉升过程十分温和，KDJ 指标中的指标线在拉升过程中只会处于高位，很少会达到超买的状态。

而短线主力则会在短期内释放大量买方能量，造成 KDJ 指标中的指标线持续维持在超买区间内。

第 7 章 在主力出货时卖出股票

出货是主力将自己前期买入的股票全部抛售，确认利润的过程。主力前期所有的操作，都是为了最终出货做准备。

7.1 主力出货的时机选择

主力出货时，为了将手中的股票大量抛出，需要想一些办法来吸引市场上的散户投资者买入。为此，主力出货时往往会选择那些散户投资者普遍看好后市，很容易就能吸引散户投资者买入股票的时间点来进行。

7.1.1 利好兑现时出货

当市场上出现与股票相关的利好消息时，众多投资者看到利好消息后会买入股票，而这时也是主力经常利用的一个出货时机。利好公布后，主力往往会先将股价强势拉升，制造股价十分强势的信号，以吸引散户的跟风买盘。随后，等散户大量买入后，主力就会抛出自己的股票，完成出货操作。

实战中，投资者经常看到很多股票公布利好消息后，大量资金追高买入，但股价不涨反跌的形态，这是有主力在借助利好出货。

如图 7－1 所示，2015 年 3 月 30 日晚间，央行、财政部先后发布了一系列促进房地产行业发展的利好政策。而在当日白天，众多房地产股票就已经大幅上涨，如保利地产（600048）当日就强势放量涨停。

3 月 31 日是这些利好消息发布后的第一个交易日。当日，众多投资者受到利好消息和前日股价上涨的双重刺激，纷纷买入股票。而当日股价也大幅高开，吸引投资者买入。但是，在随后的行情中，股价却遭遇了强烈打压，大幅下跌，主力在当日盘中将自己持有的股票大量抛售给了这些追高买入的投资者，完成了出货操作。

图 7－1　保利地产（600048）的分时走势图（2015 年 3 月 31 日）

7.1.2　成交量放大时出货

当股票的成交量大幅放大时，说明市场上的交易十分活跃，大量投资者正在持续买入股票。在这种情况下，主力就可以在放量成交的过程中逐渐挂上自己的卖单，完成出货操作。

如果出货时市场上的成交量不大，不足以承接庄家出货的全部抛盘，主力还会使用自买自卖的方法，做大股票的成交量，让投资者误认为该股交易非常活跃，纷纷买入股票，逐渐培养出一个足够大的成交量环境。

如图 7－2 所示，2015 年 5 月底至 6 月初，诺力股份（603611）股价上涨至高位后成交量大幅放大，但同时股价却停滞。

这样的形态说明虽然高位成交活跃，但是股价上涨遇到了巨大阻力。这是主力在高位大量抛出股票出货的信号。未来主力出货结束后，股价将会进入持续的下跌行情中，因此这样的形态是一个看跌卖出信号。

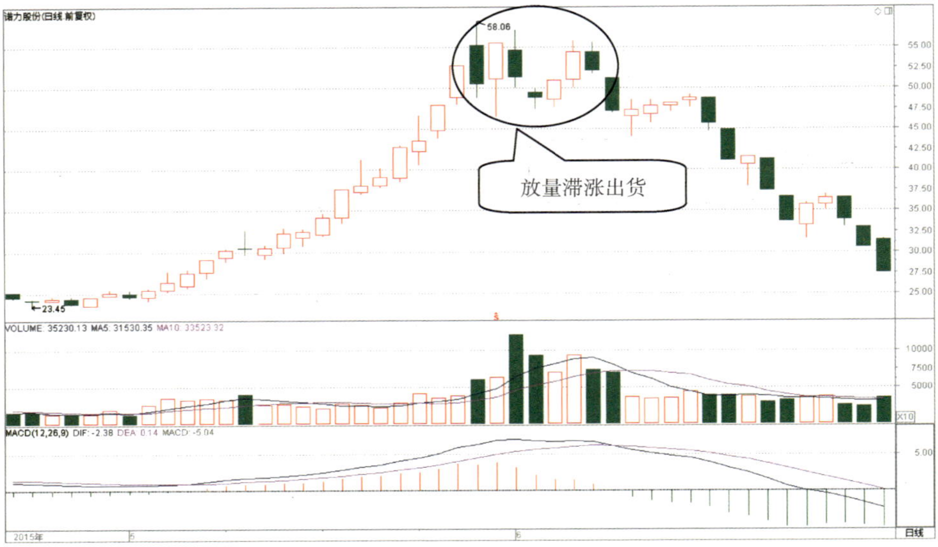

图 7－2　诺力股份（603611）的日 K 线图

7.1.3　大盘持续上涨时出货

当整个大盘持续上涨时，市场上的散户投资者普遍看好后市，同时持续有新股民进入市场。在这种资金充裕的情况下，主力只要简单地进行诱多操作就可以吸引大量投资者。在投资者不断追高买入的情况下，股价会持续被向上推升，从而吸引更多的投资者买入股票。当股票的成交规模达到一定程度，足够承接主力的抛盘时，主力就可以顺势抛出手中的股票，完成出货操作。

图 7－3　大龙地产（600159）的日 K 线图

如图7－3所示，2015年5月下旬，上证指数结束调整后重新进入上涨行情中。在上涨过程中，市场上投资者的信心逐渐恢复，大量投资者开始看好后市。此时，大龙地产（600159）的主力开始将股价向上拉升出货。因为该股的走势明显强于大盘，所以吸引了大量投资者追高买入，主力则在这个过程中抛出股票，完成出货操作。该股在上涨过程中成交量大幅放大，这是对主力出货信号的进一步验证。

7.2　主力出货的常用手法

主力出货时，为了将手中的股票卖在尽量高的位置，往往会使用一些特殊的操盘手法来诱使散户投资者跟风买入股票。具体来说，主力诱使散户投资者买入的手法主要包括以下几种。

7.2.1　拉高出货

拉高出货的具体做法是主力在出货前将股价持续向上拉升，形成一种稳健的上涨趋势，让股票的技术形态普遍看涨，并配合一定的题材炒作。看到股价强势上涨，自然就会有大量投资者追高买入股票，而主力就可在这个过程中顺势抛售出货。

如图7－4所示，2015年6月1日至2日，易食股份（000796）股价经过高位横盘整理后，连续两个交易日被强势向上拉升至涨停价位。看到股价连续涨停，很多散户投资者会继续看好该股后市行情的发展，纷纷追高买入股票，为主力提供足够的买盘来支持其出货操作。

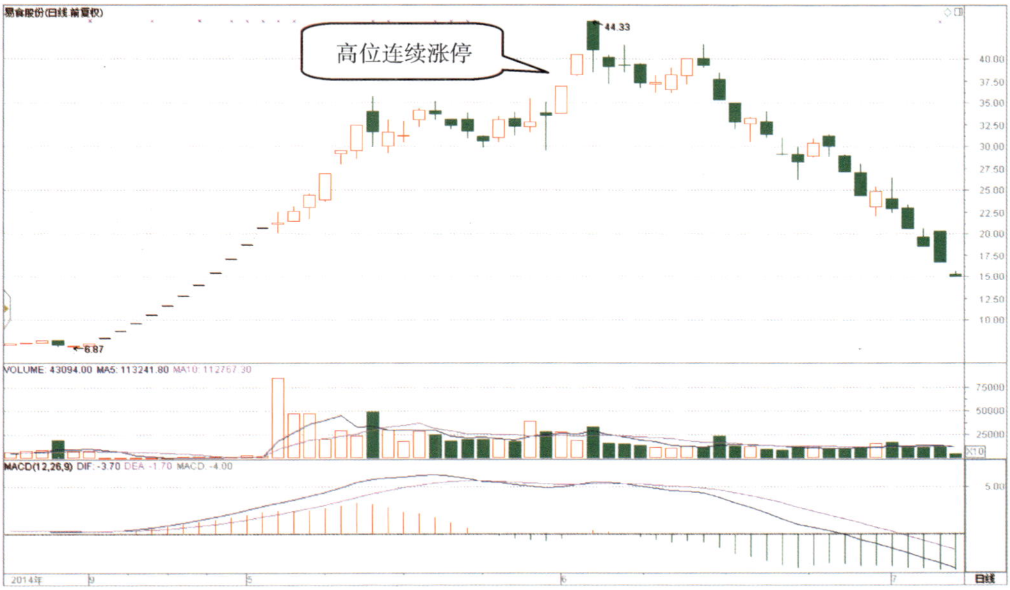

图7－4　易食股份（000796）的日K线图

经过这两日涨停后的第三个交易日，该股冲高后快速回落，这是主力在高位大量抛出股票出货的信号。随后，该股又在高位横盘整理，主力继续完成后续的出货操作。

7.2.2 打压股价出货

当主力认为自己的利润空间已经很大，不介意股价小幅回落时，可能会不顾市场环境，直接在盘中将股价快速向下打压，在打压的过程中完成出货操作。

一方面，在主力打压股价的过程中，通过大量抛售，可以完成一定的出货任务；另一方面，当股价被快速打压至低位后，会有投资者认为当前的股价已经很低，于是纷纷抄底买入股票，这些抄底买盘就会成为主力出货的对象。

如图 7－5 所示，2015 年 6 月，全志科技（300458）新股上市，经过连续一字涨停后，开始在高位持续下跌。通过上市首日的大幅上涨和随后股价连续一字涨停的行情，打新阶段就已经买入的主力已经积累了足够的利润空间。此时，主力没有在顶部诱多，而是直接在高位打压股价进行出货。在主力打压的过程中，很多之前在上涨过程中没有买入的投资者纷纷抄底，这些抄底买盘都成了主力出货的对象。

图 7－5 全志科技（300458）的日 K 线图

7.2.3 长期震荡横盘出货

如果主力持有的股票数量很多，认为单独一次的拉升或者打压行情无法满足其出货需要，就会将两者结合起来，在高位反复使用，操纵股价在比较长的一段时间内反复震荡。

每次主力将股价向上拉升时，都会有跟风买盘进入，这时，主力就可以将股票大量抛出，卖给这些跟风盘。同时，经过打压又能吸引一定数量的抄底资金，有利于继续出货。经过这样在高位反复震荡操作后，主力就可以逐渐抛出手中持有的大量股票，达到出货的目的。

如图7－6所示，2015年5月至6月，暴风科技（300431）股价上涨至高位后，开始持续震荡横盘整理。在反复震荡的过程中，每次股价上涨时都会有很多投资者追高买入。同时，当股价被持续向下打压后，又有很多投资者抄底买入。经过这样的反复震荡操作，主力吸引了足够多的买盘，逐渐卖出自己手中的股票。

等主力出货的目标完成后，失去主力力量支撑的股价就开始持续下跌。

图7－6　暴风科技（300431）的日K线图

7.3　主力出货的盘面特点

主力出货时，会尽量隐藏自己的操作痕迹，防止散户投资者跟风卖出，影响整个操盘过程。但是，主力出货时既然要卖出大量股票，就必然会在盘面上留下一些痕迹。借助这些痕迹，投资者可以找出那些主力在高位出货的信号。

7.3.1　股价放量滞涨

主力出货时要抛出大量的股票，因此在主力出货时，股票的成交量不可避免地会大幅放大。同时，因为主力出货时抛出股票，会对股价形成巨大压力，股价必然无法向之前的上涨行情一样持续上涨。

因此，当投资者看到股票的成交量在高位大幅放大，而股价走势没有形成与成交量相匹配的上涨行情时，就是有主力在高位出货的信号。

如图 7－7 所示，2015 年 4 月至 5 月，联络互动（002280）股价上涨至高位后，其成交量大幅放大，同时其股价虽然上涨，但是上涨的速度却明显慢于前期的拉升行情。这样的形态说明股价上涨至高位后主力正在大量抛出股票出货。看到这样的形态后，投资者应该在上涨行情中逢高卖出股票，防止主力出货完成后股价持续下跌。

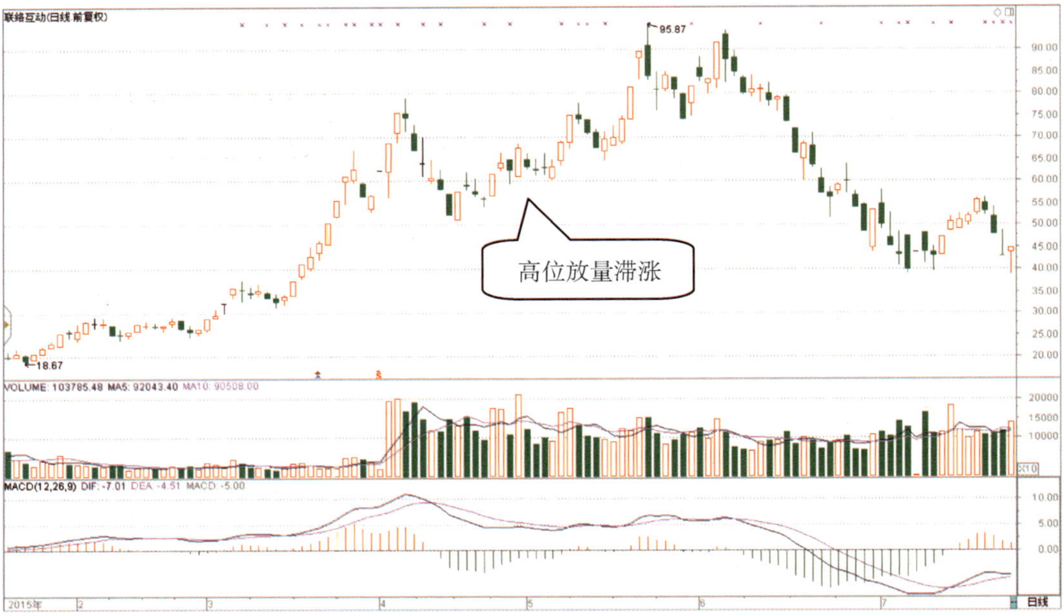

图 7－7　联络互动（002280）的日 K 线图

7.3.2　技术形态没有被破坏

主力出货时，一方面主力的巨大卖单会让部分技术形态走弱，但是，主力为了进行诱多操作，又不会让这些技术指标的看涨形态被完全破坏，形成看跌形态。因此，在主力出货时，各种技术指标的形态会持续走弱，但不会形成明显的看跌卖出信号。

如图 7－8 所示，2015 年 4 月底至 6 月初，迪安诊断（300244）股价上涨至高位后，主力打压股价出货。在出货过程中，随着股价走弱，该股的 5 日均线、10 日均线和 30 日均线反复纠缠在一起，虽然无法继续保持多头排列，但是也没有形成空头排列形态。同时，该股的 MACD 指标中的两条曲线也在 0 轴上方反复波动，一直没有跌破 0 轴。

这样的形态说明此时该股虽然不再上涨，但是还没有下跌的迹象。看到这样的形态，以技术指标作为操作依据的投资者就会暂时保持观望态度，不会大量抛出股票，对主力的出货造成影响。

图 7－8　迪安诊断（300244）的日 K 线图

7.3.3　有假突破行情出现

主力出货时，为了诱骗散户投资者跟风买入股票，经常会先操纵股价上涨，突破前期高点或者重要的均线等。看到股价强势向上突破，很多散户投资者就会跟风追高买入股票，而主力则可以借机在高位完成出货操作。

因此，当投资者看到股价在高位向上突破后，成交量大幅放大，同时突破后的股价却无法持续上涨，就很可能是主力借助突破行情出货的信号。未来主力出货结束后，股价就会见顶下跌，而这样的突破就构成了假突破。

如图 7－9 所示，2015 年 5 月底，泰格医药（300347）股价突破了前期高点。当突破行情完成后，成交量虽然持续放大，但是股价却没有持续上涨，形成了高位放量滞涨的形态。这样的形态说明股价突破后遇到了巨大的抛盘压力。这样的突破形态很可能是主力故意布置的诱多陷阱，吸引散户投资者买入后在高位出货。股价经过一段时间的高位震荡整理后开始下跌，很快就跌回突破的位置下方。

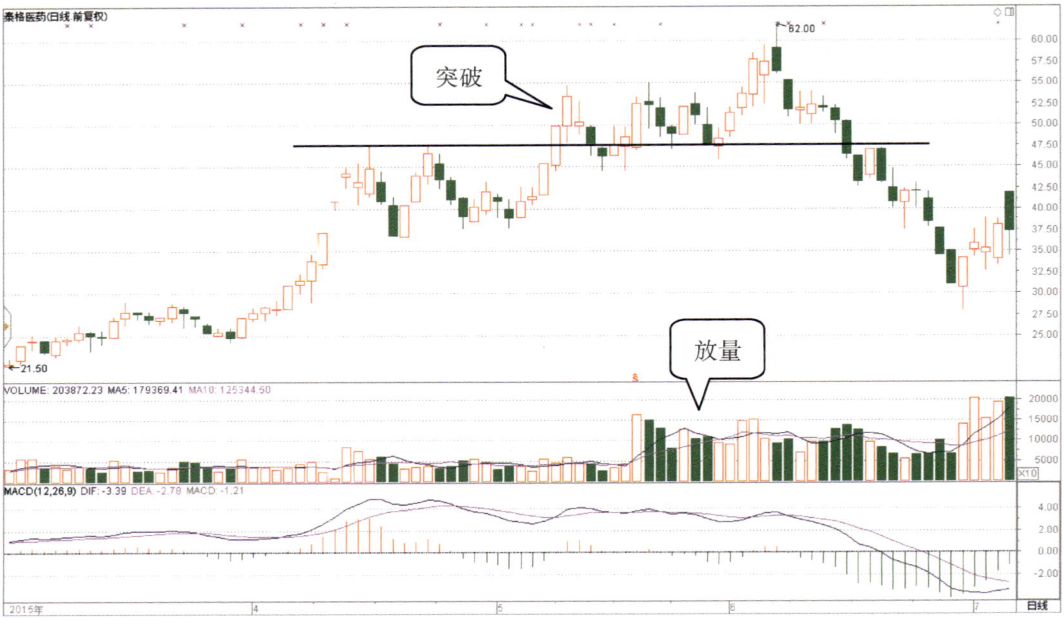

图 7－9　泰格医药（300347）的日 K 线图

7.3.4　分时图频繁诱多

主力出货时，为了进行诱多操作，会在分时盘口中制造一些诱多的迹象。同时，因为主力的目的是出货，所以大量买入股票并不现实。因此，主力出货时最常用的盘口手法就是在五档买入盘口上挂上巨大的买入委托单。这些买入委托单并不会真正成交，只是给投资者下方有强烈支撑的信心，让投资者纷纷跟风买入股票，这样主力就可以在高位完成出货操作。

R 002440 闰土股份			
委比	91.30%	委差	14417
卖五	16.35	279	+279
卖四	16.34	149	
卖三	16.33	67	
卖二	16.32	49	
卖一	16.31 ↑	143	-24
买一	16.29	817	
买二	16.28	14233	
买三	16.23	15	
买四	16.22	7	
买五	16.21	32	

图 7－10　闰土股份（002440）的五档买卖盘口（2015 年 9 月 21 日）

如图 7－10 所示，2015 年 9 月 21 日盘中，闰土股份（002440）五档买入盘口的 16.28 元价位上存在巨大的买入委托单。这样的买入委托单是主力出货时的常用手法。看到这样的形态后，会让散户投资者普遍对后市走向抱有信心，在高位上买入股票。借助高位持续追高买入的委托单，主力就可以达到出货的目的。

第 8 章　分清主力的洗盘和出货

主力在建仓、拉升、出货的过程中，还会穿插一项非常重要的操作，那就是洗盘。通过洗盘，主力就可以稳固市场上的筹码，方便之后将股价拉升至更高的位置。

主力的洗盘操作多数是以打压股价的形式出现的，具体手法与打压出货非常相似。在跟随主力操作的过程中分清这两种操作方法的区别，是每个投资者跟随主力交易的必修课。

8.1　主力洗盘的目的

主力洗盘的目的是为了洗清浮动筹码。所谓浮动筹码是指在股价涨跌的过程中，在高位的套牢盘或者在低位的获利盘。如果主力将股价向上拉升，获利盘认为自己的盈利达到了预期，就会抛出股票；套牢盘解套后，同样会抛出股票。到时候这些抛盘会给股价形成巨大的压力，影响主力的坐庄计划。

为了避免坐庄受到影响，主力每将股价拉升一段时间，或者拉升股价接近前期套牢盘区域时，如果发现抛盘压力过大，就会通过主动操作，让这些投资者在主力设计好的价位区间内抛出股票，这个过程就是洗盘。

具体来说，主力洗盘的目的有以下几个。

8.1.1　稳固市场筹码

主力洗盘时，首要目的就是要让浮动的获利盘和套牢盘都在主力设计好的洗盘区间内抛出股票。因为这些获利盘和套牢盘的持股意愿不强，不愿长期持有股票，所以主力在自己设计好的区间内让他们抛出股票，换一批新的投资者进入。这些新的投资者刚刚买入，短期内不会大量抛出，这样主力继续操作时面临的抛盘压力就会减小。

如图 8－1 所示，2014 年 12 月，中国海诚（002116）股价上涨至高位后横盘几个交易日就见顶下跌。在高位横盘的几个交易日中，该股的成交量大幅放大，大量投资者在这个位置买入了股票。当股价下跌时，这些没有及时卖出的股票都变成了套牢盘。

2015 年 3 月，当主力将股价向上拉升至这个套牢盘区域时，之前套牢的投资者获得解套，纷纷抛出股票，股价上涨遇到了巨大阻力，主力难以继续拉升。于是，主力开始操纵股价缓慢回落进行洗盘。在洗盘过程中，前期被套牢的投资者看到股价持续回落，自己解套无望，从而逐渐失去持股耐心，纷纷抛出股票，上方套牢盘压力逐渐减弱。

3 月 23 日，经过持续洗盘后，主力认为上方套牢盘压力已经很小，于是以涨停阳线的强势形态将股价向上拉升，成功突破了前期套牢区间，股价也开启了持续上涨行情。

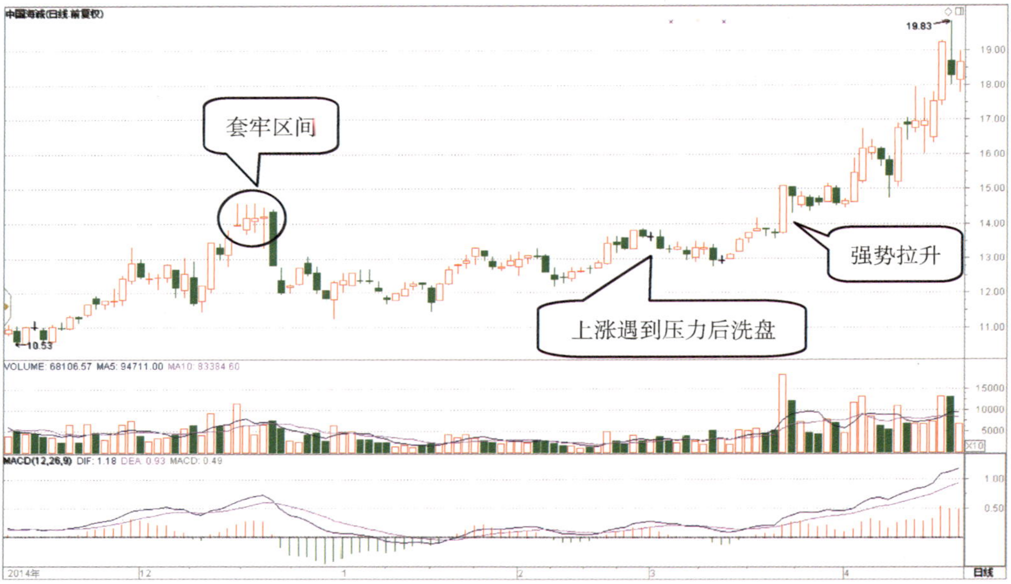

图 8－1　中国海诚（002116）的日 K 线图

8.1.2　抬高散户持仓成本

股价上涨至高位后，原本在低位持有股票的投资者已经获利很多，股价稍有波动，他们就会担心失去已经获得的利润，于是纷纷卖出股票。这样的市场环境对主力十分不利。

为此，主力每将股价拉升一段时间，都会进行一次洗盘。通过洗盘，主力会让原本在低位买入股票的投资者卖出股票，同时吸引一批新的投资者进入。洗盘结束后，投资者的持股成本已经由拉升之前的区间上涨至洗盘区间内。未来主力继续将股价向上拉升时，这些新进入的投资者获利幅度不大，就不会抛出股票，影响主力的拉升操作。

如图 8－2 所示，2015 年 4 月，飞亚达 A（000026）股价上涨至高位后，市场上的散户投资者都获利巨大，纷纷抛出股票，对股价上涨形成了巨大压力，4 月 20 日形成的大阴线就是这种压力的集中体现。

为了克服这些获利盘的抛盘压力，主力开始操纵股价小幅回落进行洗盘。在回落过程中，前期已经获利的投资者看到利润缩水，于是纷纷抛出手中的股票，而一批新的散户投资者则抄底买入。这样一来，市场上散户投资者的持股成本就被大幅抬高，主力达到了洗盘的目的，减轻了未来继续拉升需要面临的抛盘压力。

从 5 月初开始，主力认为洗盘的目的已经达到，于是开始将股价持续向上拉升。

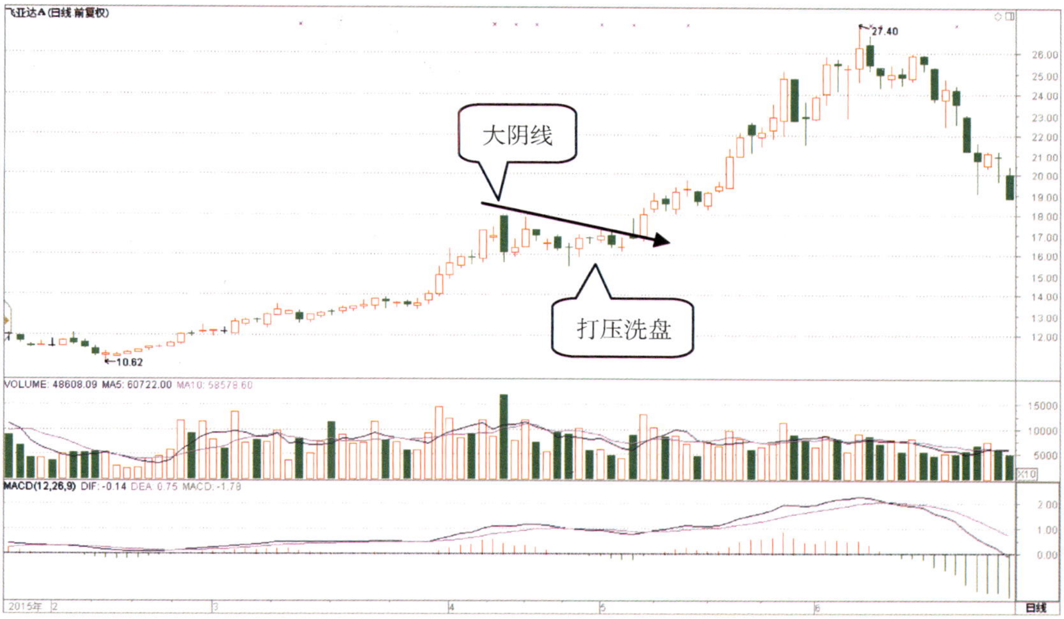

图 8－2　飞亚达 A（000026）的日 K 线图

8.1.3　买入更多股票

有时候，主力在建仓过程中没有买入足够多的股票。建仓结束后，就会通过一次洗盘操作来诱使散户投资者看空后市卖出股票。这样，一方面主力可以巩固市场筹码，为之后拉升行情做准备；另一方面也可以买入更多股票，完全建立自己的仓位。

如图 8－3 所示，2015 年 4 月 9 日，元力股份（300174）重组后复牌。此时散户投资者非常看好后市行情，于是庄家使用了拉高建仓的手法。

经过连续几个一字涨停后，涨停板被打开，已经大幅获利的散户投资者纷纷抛出股票，主力则在高位买入股票建仓。经过连续三个交易日的放量上涨，主力虽然买入了很多筹码，但市场上的获利筹码仍然很多，主力未来很难将股价持续向上拉升，于是，主力这时开始将股价向下打压进行洗盘。

看到主力打压股价形成的阴线，很多前期获利的投资者纷纷抛出股票，主力则在巩固市场筹码的同时，进一步大量买入股票，完成建仓操作。

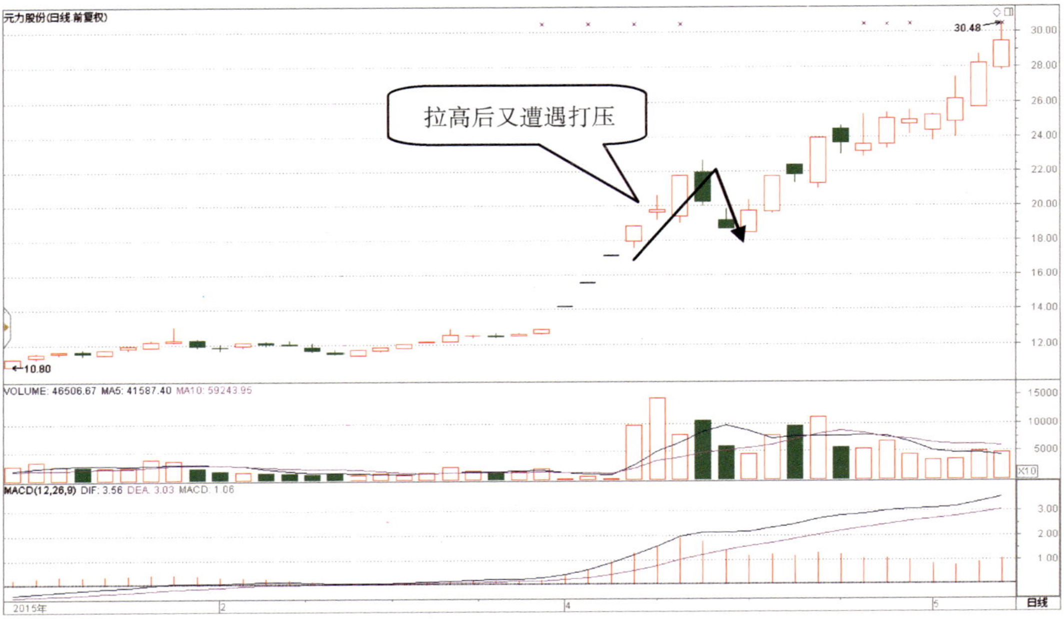

图 8-3 元力股份（300174）的日 K 线图

8.2 主力洗盘的常用手法

主力洗盘的目的是要诱使前期已经获利的散户投资者卖出股票。为了达到这样的目的，主力洗盘时常用的操盘手法有以下两种。

8.2.1 打压股价洗盘

打压股价是主力洗盘最常用的手法。洗盘时，主力通过将股价持续向下打压，让过去盈利的投资者损失利润，被套牢的投资者解套无望。随着股价的下跌，这些投资者就会逐渐失去继续持有股票的耐心，纷纷抛出股票，主力就达到了洗盘的目的。

需要注意的是，主力洗盘是为了继续拉升做准备。因此打压洗盘只会造成短期的看跌信号，并不会破坏股价长期的上涨趋势，并且经过打压洗盘后，主力很快会将股价向上拉升，形成看涨的形态。看到股价上涨，就会有新的投资者追高买入，主力就可以继续之后的拉升行情。

如图 8－4 所示，2015 年 5 月初，天桥起重（002523）股价上涨至高位后，在低位买入的投资者已经获利巨大，有逢高抛出股票的倾向。为了避免继续拉升遇到巨大阻力，主力开始在这个价位上持续打压股价进行洗盘，让获利投资者看空后市，抛出股票，减轻继续拉升股价时遇到的阻力。

主力洗盘结束后，开始强势将股价向上拉升。这样的拉升行情让很多投资者重新对该股未来走向抱有信心，于是纷纷追高买入股票，帮助主力继续将股价向上拉升。

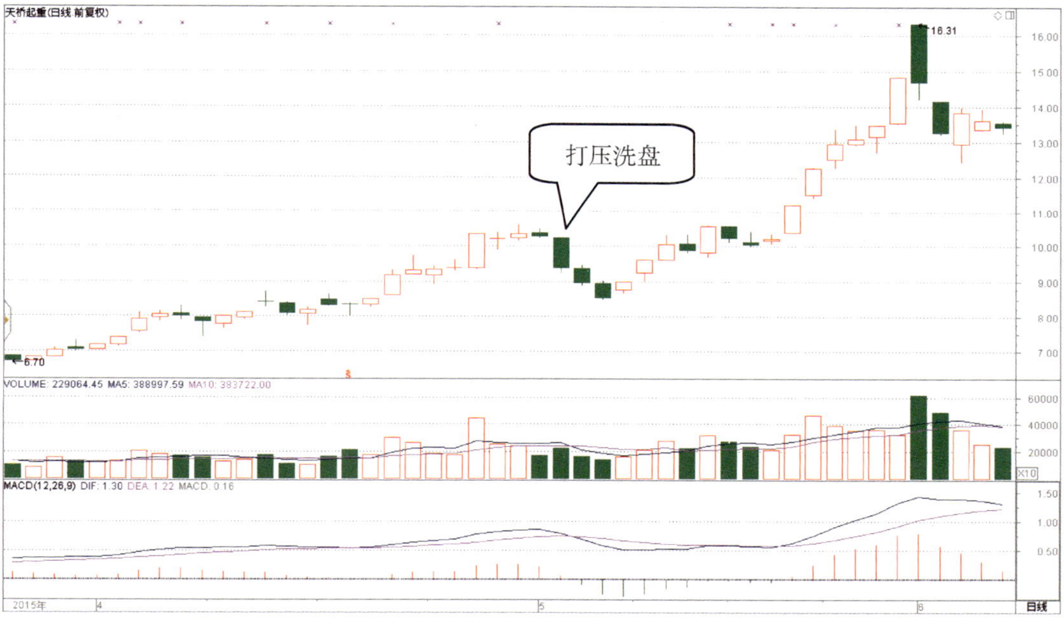

图 8－4　天桥起重（002523）的日 K 线图

8.2.2　长期横盘洗盘

有时候，主力洗盘的时间充裕，并不会急于打压股价，而是会操纵股价在一个比较小的价格区间内持续横盘整理。看到股价长期横盘，没有继续上涨的希望，原本获利的投资者就会逐渐失去继续持股的耐心，纷纷抛出股票。

主力操纵股价横盘进行洗盘时，如果大盘指数持续上涨，散户投资者看到市场上其他股票都在上涨，只有自己的股票止步不前，就更容易失去持股耐心，将自己的股票抛出，在这种情况下，主力可以收到更好的洗盘效果。

如图 8－5 所示，2014 年 12 月至 2015 年 2 月，恒生电子（600570）股价上涨至高位后，主力操纵股价长时间横盘整理进行洗盘。在整理过程中，前期已经有了一定获利幅度的投资者看到股价无力继续上涨，于是纷纷抛出股票确定收益，主力达到了洗盘的目的。

图 8－5　恒生电子（600570）的日 K 线图

8.3　洗盘和出货的盘面区别

主力洗盘和出货时，都会大量抛出股票，对股价上涨形成压力，因此很多投资者都会将主力的这两种操作混淆。实战中，投资者可以通过以下几个方面来分清主力是在进行洗盘还是在进行出货操作。

8.3.1　K 线形态上的区别

主力洗盘时，目的是要让投资者普遍看空后市行情，因此股票的走势会迅速变坏，直到下跌拉升前主力才会对走势进行修复。

而出货时，主力的目的是要诱使散户投资者买入股票，因此股票虽然受到主力巨大抛盘压力的影响，但走势并不会明显变坏。

如图 8－6 所示，2015 年 5 月初，上海能源（600508）股价持续下跌。这样的下跌趋势让投资者看空后市行情，纷纷抛出股票，因此这样的回落明显是主力的洗盘行为。

6 月初，股价上涨至高位后，成交量持续放大，但股价上涨却非常缓慢。此时股价上涨虽然遇到了阻力，但是仍然保持上涨的趋势，这是主力出货的典型信号。

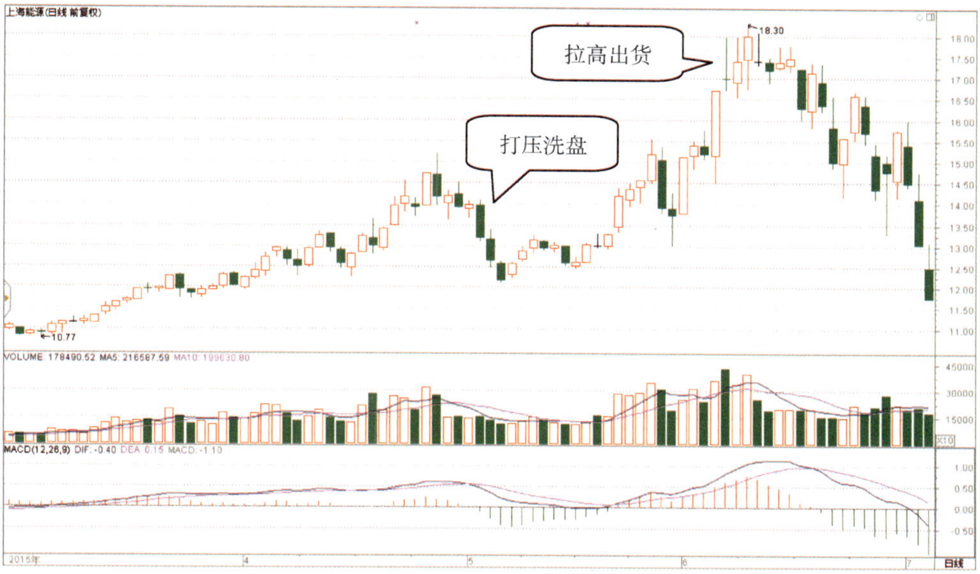

图 8－6　上海能源（600508）的日 K 线图

8.3.2　成交量上的区别

主力洗盘时，因为短期内抛盘巨大，成交量会在某一个交易日或者连续几个交易日突然大幅放大，但是随后因为抛盘压力的逐渐减弱，成交量也会逐渐萎缩。

而主力出货时，股票的成交量会一直保持在很高的水平上，不会有明显的缩量趋势。

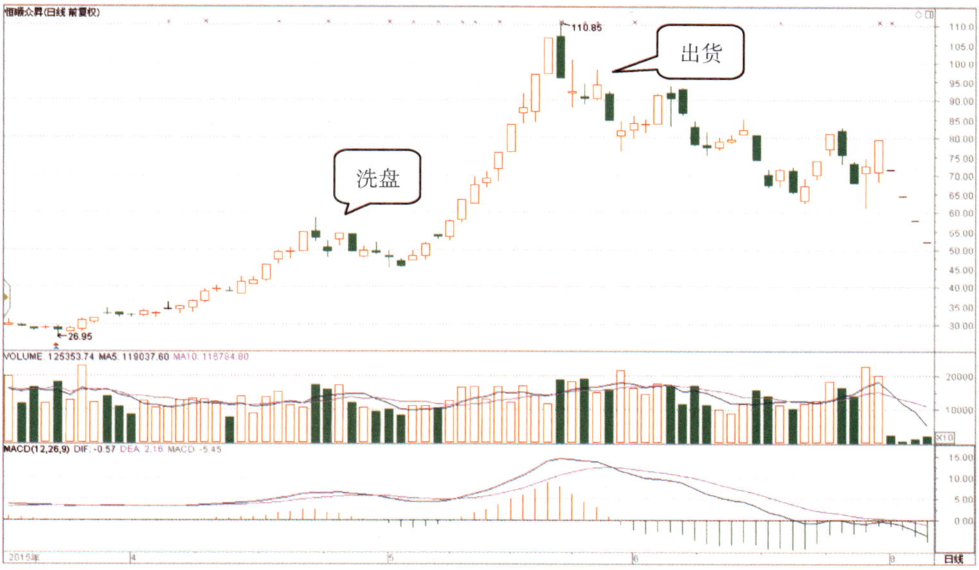

图 8－7　恒顺众昇（300208）的日 K 线图

如图 8－7 所示，2015 年 4 月底至 5 月初，恒顺众昇（300208）股价上涨一段时间后持续回落，在回落的过程中，该股的成交量持续萎缩，这是主力洗盘的典型形态。经过洗盘，浮动筹码一开始被大量抛出，随着筹码的逐渐稳固，抛盘压力越来越小，成交量也逐渐萎缩。

5 月底，股价再一次见顶回落，此时该股的成交量持续保持在高位，这样的形态是主力出货的信号。主力出货时会持续不断地抛出手中的股票，因此股票的成交量也会一直保持在很高的水平。

8.3.3 指标形态上的区别

主力洗盘时，为了达到诱空的目的，股票的技术形态会被迅速破坏，形成短期的看跌信号。

而主力出货时，为了进行诱多操作，股票上涨即使遭遇巨大阻力，技术形态也不会马上变坏。

图 8－8 上海新阳（300236）的日 K 线图

如图 8－8 所示，2015 年 4 月至 5 月初，上海新阳（300236）的主力在打压股价洗盘的过程中，该股的 MACD 指标迅速走弱，DIFF 线在高位跌破了 DEA 线后，两条曲线持续下跌，最终 DIFF 线还跌破了 0 轴，MACD 柱线也在回落过程中一直保持绿色。通过这样的看跌形态，主力让很多散户投资者看空后市，纷纷抛出股票，达到了洗盘的目的。

进入 6 月后，该股股价再次在高位震荡。但是在这次震荡过程中 MACD 指标并没有马上走弱，DIFF 线和 DEA 线在高位反复纠缠。看到这样的形态，散户投资者并不会马上看空该股的后市发展，主力达到了出货的目的。

下 篇

做会预测的炒股高手

第 9 章　根据 K 线形态做预测

K 线形态是对股价进行分析预测的最基本的图形。通过 K 线形态，投资者就可以了解股价在一段时间内的涨跌趋势，对未来的行情走向做出判断。

9.1　K 线的基本形态

K 线是反映股价一段时间内走势的柱线。炒股软件中一根 K 线代表一个交易日内的走势。投资者可以按【F8】切换，让每根 K 线显示不同的周期。

9.1.1　阳线和阴线

每一根 K 线都可以反映四个价格，即开盘价、收盘价、最高价和最低价。按照颜色不同，K 线可以分为阳线和阴线两种。当股价上涨，收盘价高于开盘价时，K 线就显示为红色柱线或者空心柱线，称为阳线；当股价下跌，收盘价低于开盘价时，K 线就显示为绿色柱线或者实心柱线，称为阴线。

阳线和阴线都由实体、上影线、下影线三部分组成，其中实体表示开盘价到收盘价的涨跌幅度，上影线和下影线则代表股价在盘中曾经到达的最高价和最低价。阳线和阴线中的四个价格如图 9－1 所示。

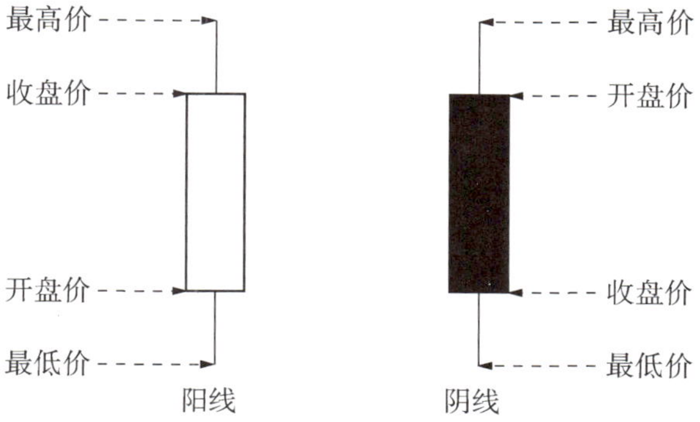

图 9－1　阳线和阴线

9.1.2　大阳线和大阴线

当 K 线的实体部分涨幅超过 5% 时，就被称为大阳线。大阳线出现在股价横盘整理一段时间后或者上涨过程中时，说明市场上拉升股价的多方力量极强，将股价持续向上拉升，未来股价在多方力量的拉升下，将会持续上涨。因此，该形态是看涨买入信号。投资者看到这种形态时，可以积极追高买入股票。

如图 9－2 所示，2015 年 2 月 27 日，五洲交通（600368）经过前期持续横盘整理后，形成一根大阳线向上突破。这种形态说明市场上的多方力量极度强势，预示着未来股价将被持续拉升。看到这种形态时，投资者可以积极买入股票。

图 9－2　五洲交通（600368）的日 K 线图

当 K 线的实体部分跌幅超过 5% 时，就被称为大阴线。大阴线出现在上涨之后的顶部横盘区域或者下跌过程中时，说明市场上卖出股票的空方力量极度强势，未来股价将受到压力持续下跌，而且在持续下跌过程中并没有支撑存在。因此，该形态预示着未来股价会持续下跌，是看跌卖出信号。

如图 9－3 所示，2015 年 8 月 18 日，陕西黑猫（601015）股价经过前期震荡调整后，形成一根大阴线。这样的形态说明市场上的空方力量极度强势，股价下跌无法获得支撑，是未来股价会持续下跌的信号。看到这种信号时，投资应该尽快将手中的股票卖出。

图 9－3　陕西黑猫（601015）的日 K 线图

9. 1. 3　长上影线和长下影线

当股票的实体长度较短，上影线或下影线却很长时，说明股价在盘中经过了激烈的争夺。这是反转的信号，在下跌行情尾端，是见底反弹信号；在上涨行情尾端，则是见顶下跌信号。

在这里，衡量上下影线较长的标准是影线长度超过了实体长度的两倍。

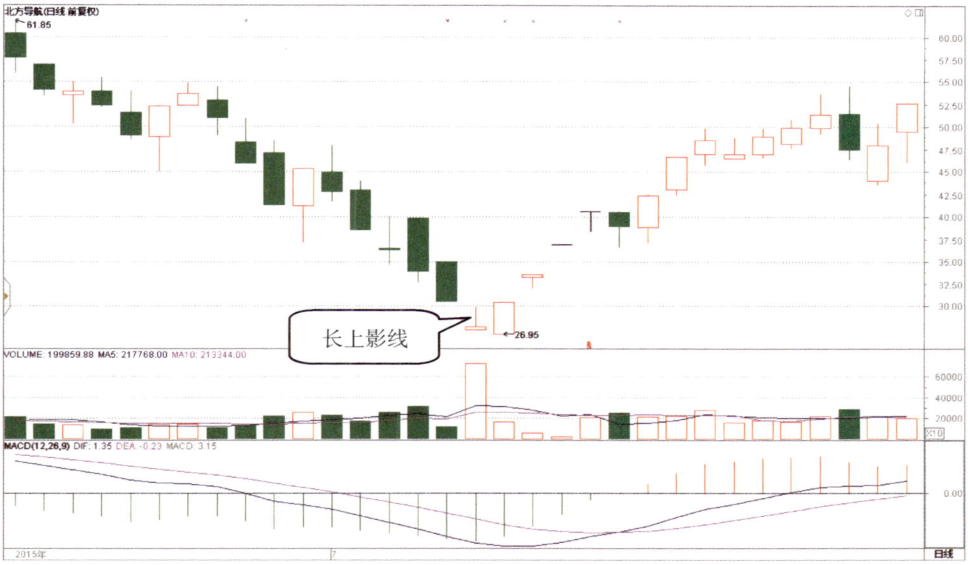

图 9－4　北方导航（600435）的日 K 线图

如图9－4所示，2015年7月8日，北方导航（600435）股价下跌至底部后，形成一根带有长上影线的K线。这样的形态说明该股已经由之前空方持续强势的行情进入了多空僵持行情，这是市场即将见底反弹的信号。看到这样的信号时，投资者可以积极买入股票。

如图9－5所示，2015年7月底，四维图新（002405）股价上涨至高位后，形成了多根带有长上影线和长下影线的K线。这样的形态说明市场已经由前期多方持续强势的行情进入多空僵持行情，这是行情即将见顶下跌的信号。看到这种信号时，投资者应该尽快卖出手中的股票。

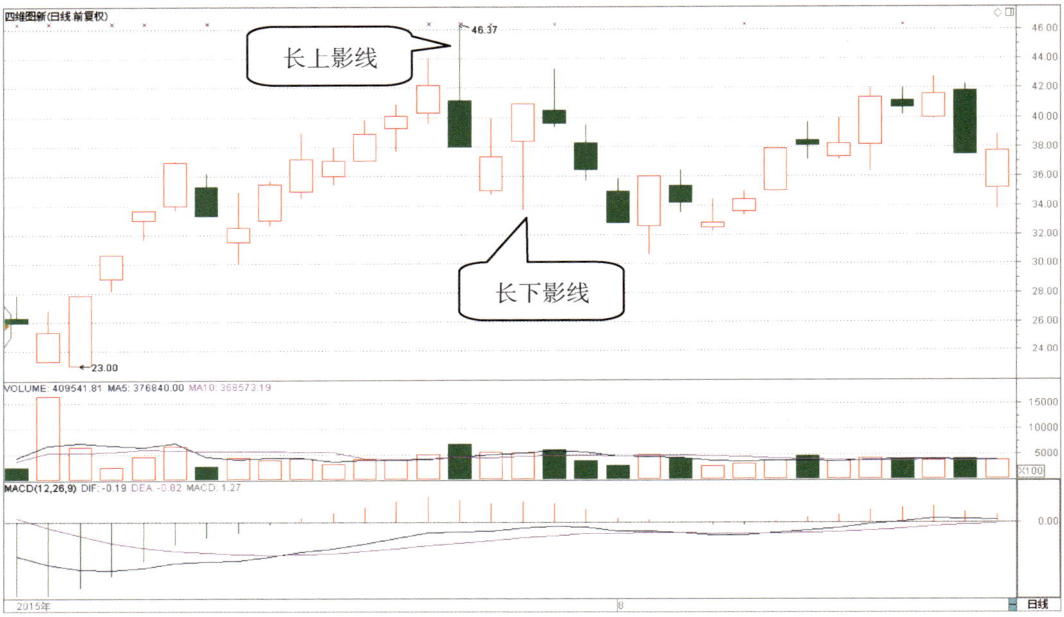

图9－5 四维图新（002405）的日K线图

如果一根K线的实体很短，几乎可以忽略不计，同时其上下影线又很长的话，这样的K线被称为十字线。十字线同样是行情即将反转的信号。与单纯带有长上影线或者长下影线的K线相比，十字线的反转信号要更加强烈。

如图9－6所示，2015年5月至6月，陆家嘴（600663）股价在震荡上涨的过程中，多次形成了十字线形态。每个十字线形成时，股价的涨跌趋势都发生了反转，或者至少发生了停滞。

图 9－6　陆家嘴（600663）的日 K 线图

9.2　K 线组合的看涨信号

单根 K 线可以表示股价在一个交易日内的涨跌动向，如果将连续 2～3 个交易日的 K 线结合起来，投资者就能够判断股价在这几天内的涨跌变化趋势，从而对未来的行情发展做出判断。

9.2.1　曙光初现

曙光初现形态出现在股价下跌一段时间后的底部区域，由前阴后阳两根 K 线组成，其中第二根阳线的开盘价虽然低于阴线的收盘价，但是其收盘价已经深入到阴线实体的 1/2 以上。

这样的形态出现在底部区域时说明股价下跌已经获得多方力量的强力支撑，未来有见底反弹的趋势，因此这是一个看涨买入信号。看到这样的形态时，投资者可以积极买入股票。

如图 9－7 所示，2015 年 4 月 15 日和 16 日，国睿科技（600562）股价经过持续下跌至底部后，连续两根 K 线组成了曙光初现形态。这样的形态说明股价下跌后获得较强支撑，多方开始将股价向上拉升。看到这样的形态时，投资者可以积极买入股票。

图 9－7　国睿科技（600562）的日 K 线图

9.2.2　底部孕育

底部孕育形态出现在股价下跌一段时间后的底部区域，由一根阴线和一根阳线或者十字线组成，其中后一根阳线或者十字线的实体很短，完全孕育于前一根阴线的实体内部。

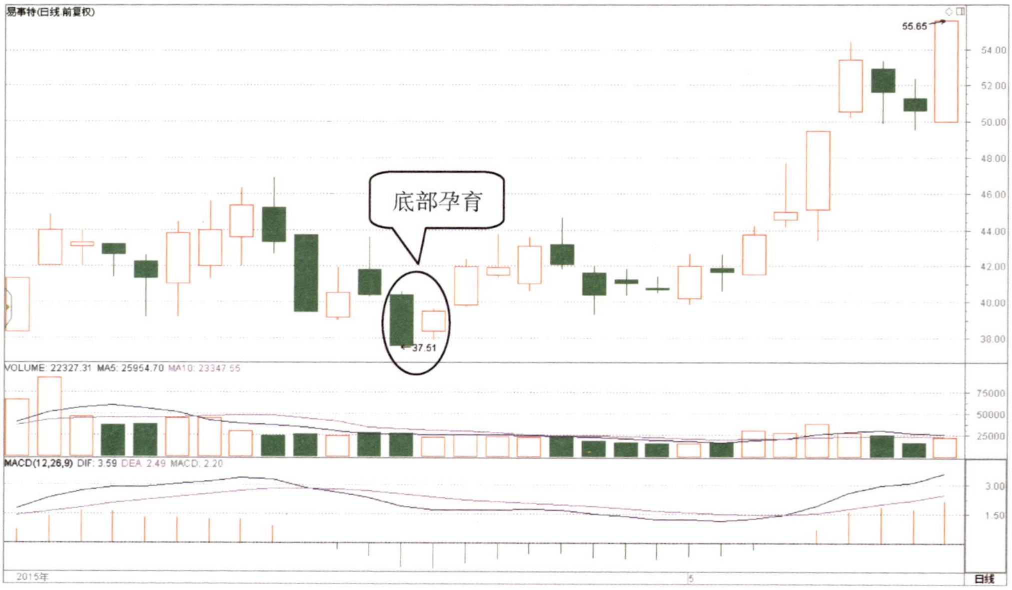

图 9－8　易事特（300376）的日 K 线图

底部孕育形态出现在股价下跌一段时间之后的底部区域，说明市场上空方力量逐渐减弱，已经由空方完全主导的局面转变为多空僵持局面，未来只要有新的多方力量进入，股价就将被持续向上拉升，因此这是一个看涨买入信号。该形态完成后，当股价能继续上涨时，投资者就可以积极买入股票。

如图 9－8 所示，2015 年 4 月 20 日至 21 日，易事特（300376）股价下跌至低位后，连续两根 K 线组成了底部孕育形态。这种形态说明股价下跌后获得多方力量的强烈支撑，形成看涨买入信号。该形态完成后，股价继续上涨，这验证了多方力量强势的信号，此时投资者可以积极买入股票。

9.2.3　红三兵

红三兵形态在股价横盘整理行情的尾端或者是一段上涨行情的开始阶段都有可能出现，由连续三根阳线组成。这三根阳线可能是小阳线或者中阳线，每根阳线的收盘价都高于前日收盘价。

在红三兵形态形成的过程中，每根阳线的涨幅可能并不大，但是这三根阳线结合起来，说明市场上的多方力量正在逐渐聚集，未来股价将会在多方力量的推动下持续上涨，因此红三兵形态是十分强烈的看涨信号。看到这样的形态时，投资者可以积极买入股票。

图 9－9　京天利（300399）的日 K 线图

如图 9－9 所示，2015 年 3 月 9 日至 11 日，京天利（300399）股价经过长时间的底部横盘整理后，连续三日上涨，组成红三兵形态。这种形态说明市场上的多方力量在底部区域逐渐聚集起来，是未来股价将会持续上涨的信号。看到这样的信号后，投资者可以积极买入股票。

9.2.4 启明星

启明星形态出现在股价下跌一段时间后的底部区域，由一根阴线、一根十字线和一根阳线组成，其中最后一根阳线的收盘价已经深入到第一根阴线的实体内部，甚至高于阴线的开盘价。

该形态中的第一根阴线说明空方主导的下跌行情还在继续，之后的十字线说明空方力量减弱，市场进入多空僵持行情。最后一根阳线则说明多方力量增强，开始占优势并将股价向上拉升。因此，整个启明星形态说明了一个空方力量持续变弱、多方力量持续增强的过程，这是行情即将由下跌趋势进入上涨趋势的信号。

如图 9－10 所示，2015 年 5 月 28 日至 6 月 1 日，得润电子（002055）股价下跌至低位后，依次出现了阴线、十字线和阳线，组成了启明星形态。这种形态说明市场上的空方力量减弱，多方力量变强，是未来股价将见底反弹的信号。看到这样的信号时，投资者可以积极买入股票。

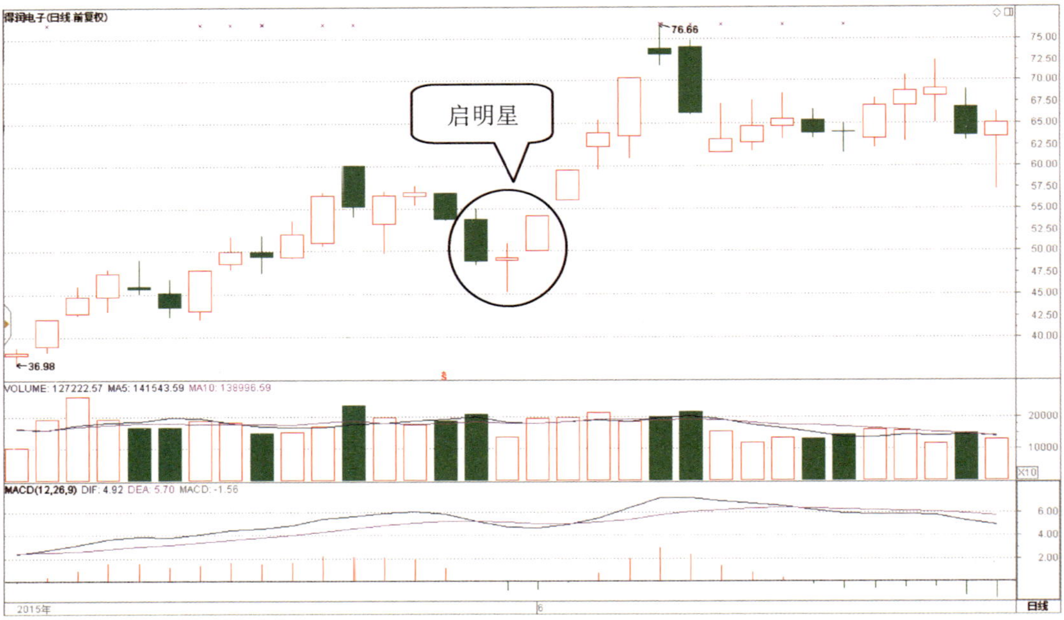

图 9－10 得润电子（002055）股价的日 K 线图

9.2.5 多方炮

多方炮形态在横盘整理行情的尾端或者上涨行情中都有可能出现，由两根长阳线中间夹一根短阴线组成，其中中间的阴线完全依附在前一根阳线的实体内部，同时又被后一根阳线完全覆盖。

多方炮形态说明股价上涨后暂时遇到阻力，但是这个阻力力量很弱，没有将股价大幅向下打压，并且经过调整后，多方力量很快就克服了这个阻力，继续将股价向上拉升，因此该形态是未来股价能够继续上涨的信号。看到这种信号时，投资者可以积极买入股票。

如图 9－11 所示，2015 年 7 月 17 日至 21 日，东杰智能（300486）股价在上涨过程中，连续三根 K 线组成了多方炮形态。这样的形态是股价上涨后暂时遇到阻力，但是未来仍将会继续上涨的信号。看到这样的形态时，投资者可以积极买入股票。

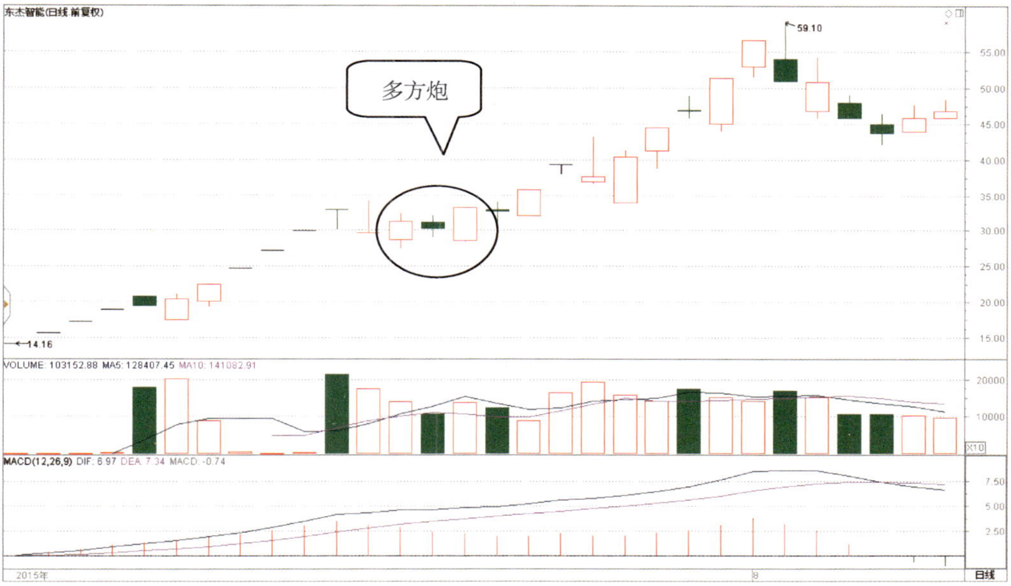

图 9－11　东杰智能（300486）的日 K 线图

9.3　K 线组合的看跌信号

前边讲到的 K 线组合都是看涨买入信号。部分情况下，由 2～3 根 K 线组成的 K 线形态也会形成看跌卖出信号。投资者细心观察可以发现，下边这些卖出信号与上一节的买入信号几乎是一一对应的。

9.3.1　乌云盖顶

乌云盖顶形态出现在股价上涨一段时间后的顶部区域，由一阳一阴两根 K 线组成，其中后一根 K 线的股价虽然高开，但盘中持续下跌，最终收出阴线，且这根阴线的收盘价深入到前边阳线的 1/2 以下。

乌云盖顶形态说明股价上涨后，遭遇到空方力量的强力向下打压，多方将股价向上拉升的能量不足，未来股价将在空方力量的打压下持续下跌。看到这样的形态后，投资者应该尽快卖出手中的股票。

如图 9－12 所示，2015 年 8 月 14 日和 17 日，三湘股份（000863）股价上涨至高位后，形成了乌云盖顶的 K 线组合形态。这样的组合形态说明股价上涨一段时间后后续乏力，遇到空方的强力打压，预示着未来股价会持续下跌。看到这样的形态后，投资者应该尽快卖出手中的股票。

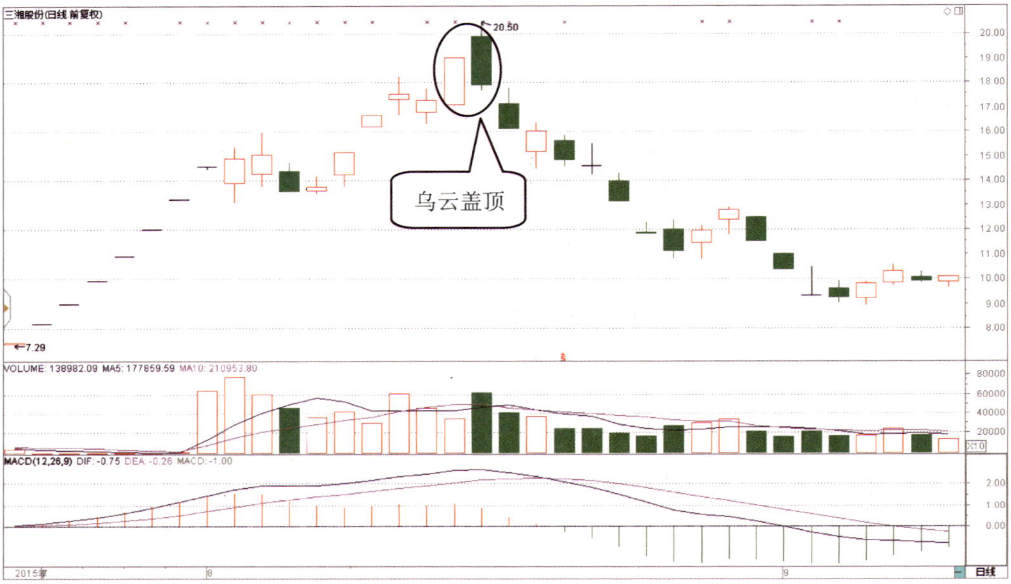

图 9－12　三湘股份（000863）的日 K 线图

9.3.2　顶部孕育

顶部孕育形态出现在股价上涨一段时间后的顶部区域，由一根阳线和一根小阴线或者十字星组成，其中后边的小阴线或者十字线的实体很短，完全依附在前一日的阳线实体之内。

顶部孕线形态出现在股价上涨后的高位，说明市场上已经由多方主导的上涨行情进入多空僵持的行情。未来空方一旦占据主动，股价将遭到持续打压，这是股价将见顶下跌的信号。看到这样的形态后，投资者应该尽快卖出手中的股票。

如图 9－13 所示，2015 年 8 月 10 日和 11 日，中航机电（002013）股价上涨至高位后，连续两根 K 线组成了顶部孕育组合形态。这样的形态说明市场已经由多方主导的上涨行情进入多空僵持行情，未来有见顶下跌的趋势，此时投资者应该尽快将手中的股票卖出。

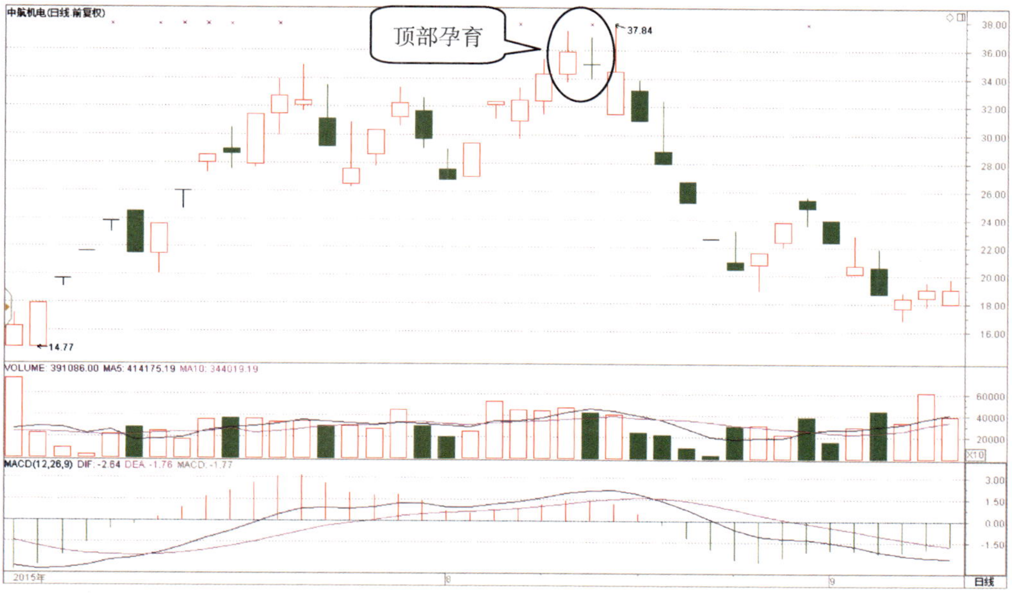

图 9－13　中航机电（002013）的日 K 线图

9.3.3　黑三兵

黑三兵形态在上涨行情的尾端或者一段横盘整理行情之后都有可能出现，由连续三根依次下跌的小阴线或者中阴线组成。这三根阴线的实体部分较短，可能有上下影线，也可能没有，每根阴线的收盘价都要低于前日的收盘价。

图 9－14　上海普天（600680）的日 K 线图

黑三兵形态中每根阴线的跌幅并不大，但是组合起来却能够说明市场上的空方力量正在逐渐聚集，未来股价可能会遭到持续打压，因此这是十分强烈的看跌信号。看到这样的信号时，投资者应该尽快卖出手中的股票。

如图 9－14 所示，2015 年 6 月 12 日至 16 日，上海普天（600680）股价在高位横盘整理过程中出现三根连续下跌的阴线，组成了黑三兵形态。这样的形态说明空方力量正逐渐聚集起来，是股价将见顶下跌的信号。看到这样的形态时，投资者应该尽快将手中的股票卖出。

9.3.4 黄昏之星

黄昏之星形态出现在股价上涨一段时间后的顶部区域，由一根阳线、一根十字线和一根阴线组成，且最后一根阴线实体深入到第一根阳线实体的内部，收盘价甚至低于第一根阴线的收盘价。

黄昏之星中的第一根阳线说明股价正在多方力量的拉升下持续上涨，随后的十字线则说明多方后续力量不足，市场进入多空僵持阶段。最后一根阴线说明空方力量逐渐增强，开始将股价持续向下打压。因此，黄昏之星出现在顶部区域，说明市场上由多方主导的上涨行情进入空方主导的下跌行情，是股价见顶下跌的信号。看到这样的形态时，投资者应该尽快卖出股票。

图 9－15 禾盛新材（002290）的日 K 线图

如图 9－15 所示，2015 年 6 月 12 日至 16 日，禾盛新材（002290）股价上涨至高位后，其K线图上依次出现了阳线、十字线和阴线，共同组成了黄昏之星。这样的形态说明市场已经由多方主导的上涨行情进入空方主导的下跌行情，未来股价将会在空方力量的打压下持续下跌。看到这样的形态时，投资者应该尽快卖出股票。

9.3.5　空方炮

空方炮形态可能出现在一段下跌行情的尾端，也可能出现在股价横盘整理一段时间后，由两根阴线中间夹一根阳线组成，其中中间的阳线实体很短，完全依附在前一根阴线的实体内部，并且被后一根阴线的实体完全覆盖。

空方炮形态说明股价下跌后获得了一定的支撑，但是这种支撑的力量很弱，未能拉升股价强势上涨。到第三个交易日，抛盘压力再次集中出现，将股价持续向下打压，因此该形态是未来股价会继续下跌的信号。看到这样的信号时，投资者应该尽快卖出股票。

如图9－16所示，2015年6月23日至25日，久立特材（002318）股价在下跌中途连续三根K线组成了空方炮形态。这样的形态说明股价下跌过程中虽然获得了一定的支撑，但是打压股价的空方力量仍然十分强势，将股价继续向下打压。这是未来股价将会持续下跌的信号。看到这样的信号时，投资者应该尽快卖出股票。

图9－16　久立特材（002318）的日K线图

第 10 章　根据画线形态做预测

在 K 线图中，通过绘制一些直线，投资者可以对股价走向进行更加形象的判断，从而提高自己判断未来行情的准确度。

10.1　画趋势线

趋势线是用画线的方法把股价上涨或者下跌过程中的连续两个低点或者高点连接起来，得出未来股价大致走向的一种方法。

10.1.1　上升趋势线

上升趋势线是将股价上涨过程中连续两个低点相连得出的一条直线。

上升趋势线对上涨行情有很强的支撑作用。在未来股价持续上涨的过程中，每次回落至这条趋势线附近时，都有可能获得支撑上涨，并且股价在趋势线上获得支撑的次数越多，该趋势线的支撑力度就越强。因此，每次股价回调到上升趋势线位置获得支撑时，都是投资者买入股票的机会。

上升趋势线同时也是判断上升趋势正在持续的标准。只要股价运行在上升趋势线之上，就说明上涨行情还在继续。未来的行情中，如果股价跌破上升趋势线，就说明上涨行情结束，此时投资者应该卖出股票。

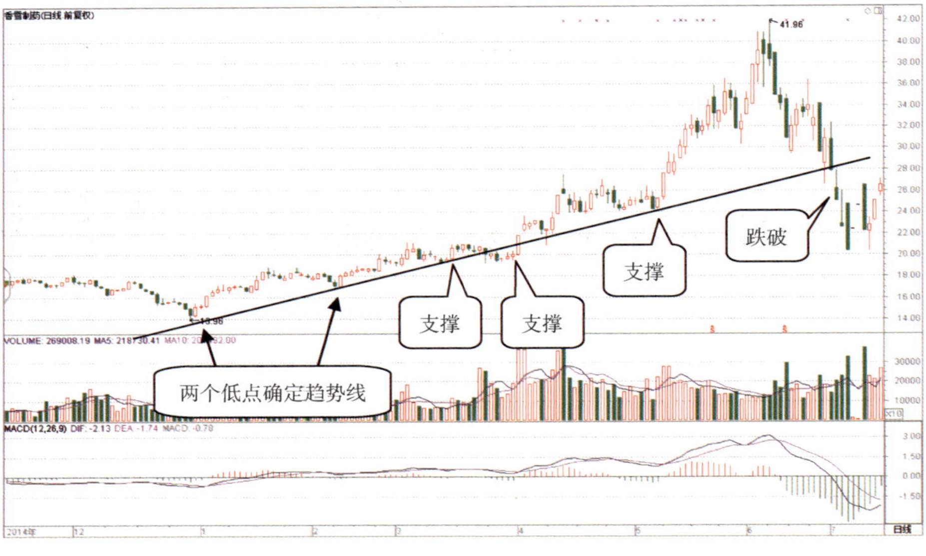

图 10－1　香雪制药（300147）的日 K 线图 1

如图 10－1 所示，2014 年 12 月至 2015 年 1 月，香雪制药（300147）股价在持续上涨的过程中，投资者将连续两次回落的低点用直线连接起来就可以得到该股的上涨趋势线。在随后的行情中，当股价回落到上升趋势线时，多次获得支撑上涨，这是对上涨趋势的验证，也是投资者买入股票的机会。

2015 年 7 月，该股股价跌破了上升趋势线，说明上涨趋势结束，此时投资者应该卖出手中的股票。

10.1.2 下降趋势线

下降趋势线是指股价下跌过程中，连续两次反弹高点的连线。

下降趋势线是股价反弹过程中重要的阻力线。在股价反弹的过程中，还会在这条趋势线位置遇到较强阻力，而且股价遇到阻力的次数越多，这条趋势线的阻力作用就越强。当股价上涨到趋势线附近遇到阻力时，投资者应该尽快卖出股票。

同时，下降趋势线还是判断股价下跌趋势结束的标准。只要股价还在趋势线下运行，就说明下跌行情还在持续，此时投资者应该尽量保持谨慎操作。如果股价能突破下降趋势线，则说明持续下跌的行情已经结束，投资者可以试探性地买入股票。

如图 10－2 所示，2015 年 6 月，空港股份（600463）股价见顶下跌。投资者将股价连续两次遇阻的高点用直线连接起来，就可以得到一条下降趋势线。在随后的行情中，当股价再次反弹到这条趋势线附近遇阻时，说明下跌行情还在继续，此时投资者应该尽快卖出股票。

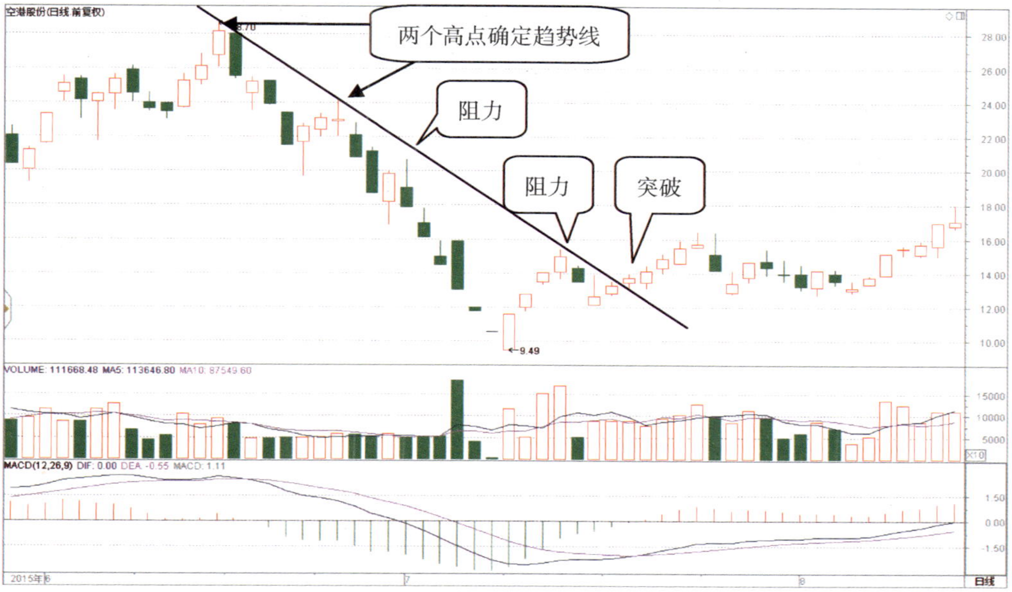

图 10－2 空港股份（600463）的日 K 线图 1

进入7月后，股价开始上涨，并突破了下降趋势线，这说明下跌趋势已经结束，此时投资者可以考虑试探性地买入股票。

10.1.3 通道趋势线

通道线是在趋势线基础上绘制的两条平行线。

在上涨过程中，通过两个低点得到上升趋势线后，通过第一个低点后上涨的高点做上升趋势线的水平线，就可以得到另一条直线，这两条直线共同组成了上升通道线。上升通道线中下边一条线是上升趋势线，会在股价上涨过程中起到支撑作用，上边一条线则会在上涨过程中起到阻力的作用。在未来的行情中，如果股价突破通道上边线，就是行情开始加速上涨的信号。

如图10－3所示，在图10－1上升趋势线的基础上，通过第一次上涨的高点画水平线，就可以得到另一条直线，这样两条直线就共同组成了上升通道线。从随后的行情可以看出，通道上边线在股价上涨时起到了比较强的阻力作用，并且股价最终突破通道上边线时，就是行情开始加速上涨的信号，此时投资者可以积极买入股票。

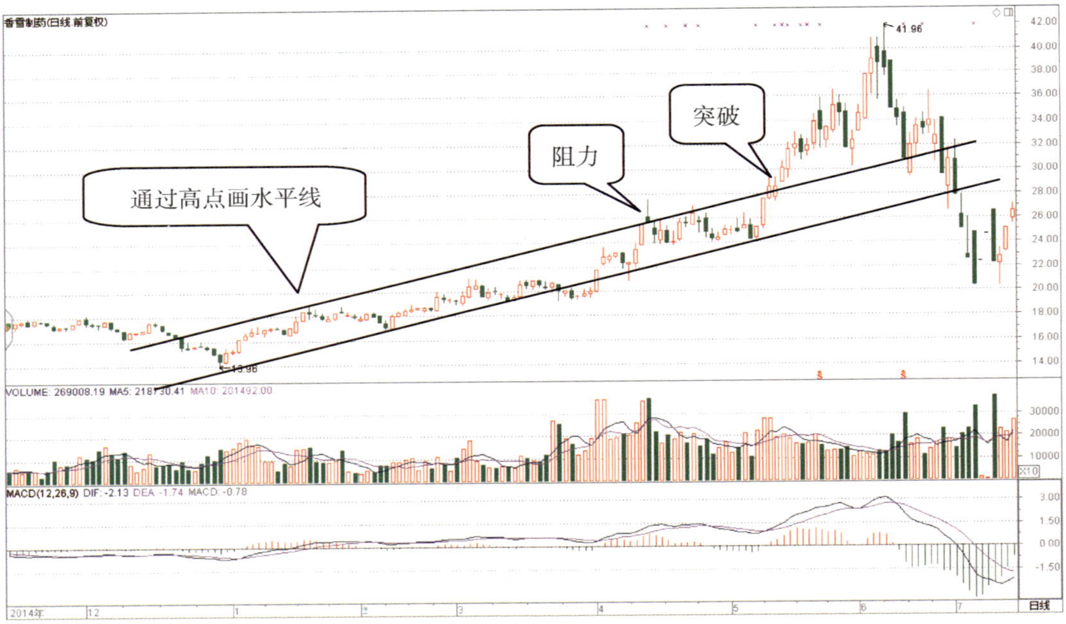

图10－3 香雪制药（300147）的日K线图2

与上升趋势线相对应，在股价下跌的过程中，通过两个高点得到下降趋势线后，再通过第一个高点后回落的低点做下降趋势线的水平线，就可以得到另一条直线，这两条直线共同组成了下降通道线。下降通道线中上边一条线是下降趋势线，会在股价反弹过程中起到阻力作用，下边一条线则会在下跌过程中起到支撑作用。在未来的行情中，如果股价跌破通道下边线，就是行情开始加速下跌的信号。

如图 10－4 所示，在图 10－2 下降趋势线的基础上，通过股价第一次回落的低点做下降趋势线的平行线，就可以得到另一条直线，这两条直线共同组成了下降通道线。从随后的行情中可以看出，通道下边线在股价下跌时起到了比较强的支撑作用，最终股价跌破通道下边线时，说明行情开始加速下跌，此时投资者应该尽快卖出股票，回避风险。

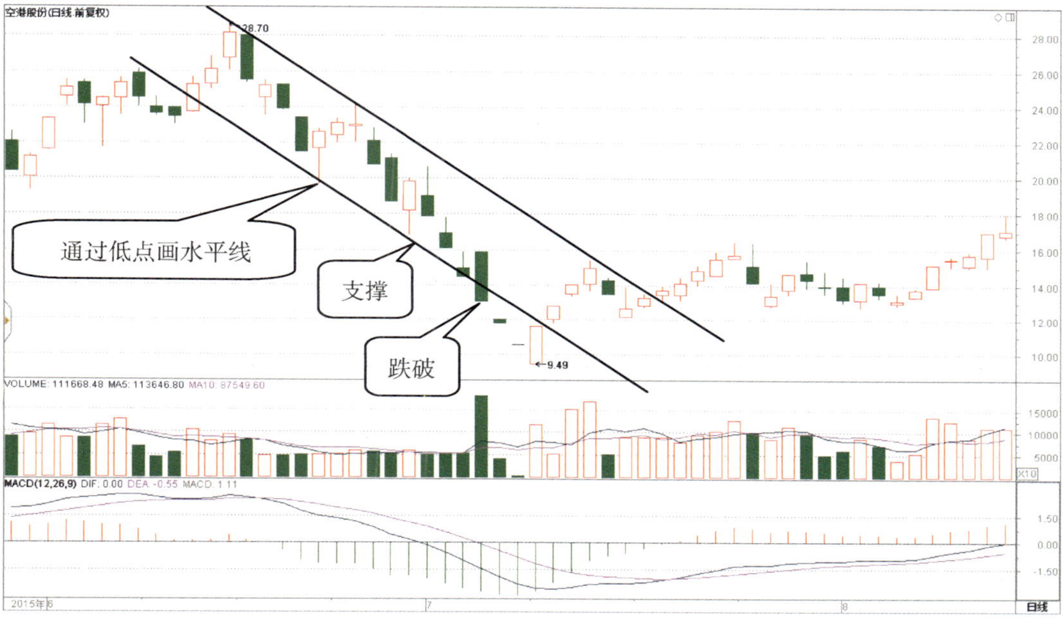

图 10－4　空港股份（600463）的日 K 线图 2

10.2　整理行情的趋势线

股价经过上涨或者下跌行情后，可能会形成一个横盘整理区间。投资者将股价横盘整理过程中的高点或者低点分别用直线连接起来，就可以得到矩形、三角形、旗形等不同的形态。

10.2.1　矩形整理的趋势线

投资者用直线将股价横盘整理过程中的高点和低点分别连接起来，就可以得到两条水平的直线，形成矩形整理形态。这样的形态说明股价已经进入了一段上有阻力、下有支撑的行情中。在整理过程中，当股价每次上升到上方阻力位时都会遇到阻力下跌，而回落到下方支撑位时就会获得支撑上涨，市场上的多空力量持续僵持，谁也无法占据主动。

经过持续的矩形整理后，如果股价能够向上突破矩形通道，就说明多方力量在持续的僵持中胜出，未来股价将会进入持续的上涨行情。

如图 10－5 所示，2014 年 9 月至 2015 年 2 月，在市北高新（600604）股价在横盘整理的过程中，投资者将高点和低点分别连接起来，得到两条水平的直线，构成了矩形整理形态。这样的形态说明市场上的多空双方进入了持续僵持的状态。

2 月 17 日，股价强势上涨，突破了矩形通道的上边线。这说明市场上有新的多方力量进入，打破了多空僵持的局面，未来股价将在其拉升下持续上涨。看到这样的形态时，投资者可以积极买入股票。

图 10－5　市北高新（600604）的日 K 线图

股价经过矩形通道的整理后，如果向下跌破矩形通道下边线，就说明空方力量在持续的僵持中胜出，未来股价将会进入持续的下跌行情。

如图 10－6 所示，2015 年 6 月至 7 月初，华北制药（600812）股价在高位持续震荡，投资者将调整的高点和低点分别用直线连接起来，得到了一个矩形通道。这样的形态说明市场上的多空双方力量在持续僵持。

7 月 3 日，股价以跌停的形态跌破矩形通道的下边线，这说明市场上有新的空方力量进入，开始将股价持续向下打压。看到这样的形态时，投资者应该尽快将手中的股票卖出。

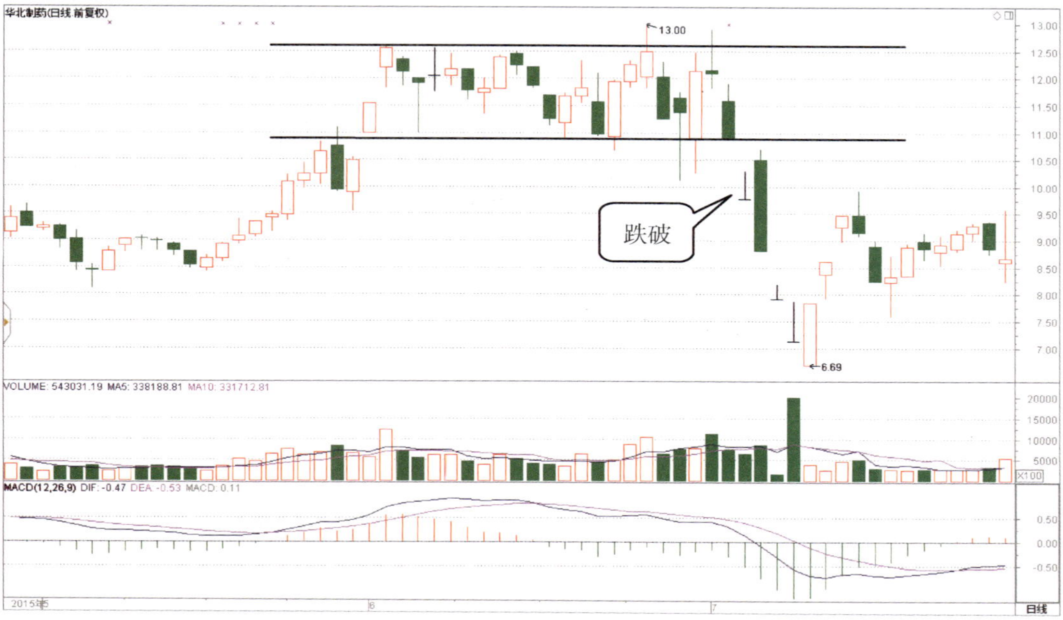

图 10－6　华北制药（600812）的日 K 线图

10.2.2　三角形整理的趋势线

在股价横盘整理过程中，如果投资者将其高点和低点分别用直线连接起来，得到一个上边线逐渐降低、下边线逐渐抬高、敞口不断收敛的三角形，就构成了三角形通道。

三角形整理形态说明横盘过程中，市场上的多空力量持续僵持，而且在僵持过程中，双方力量都快速消耗，越接近三角形右侧顶点，这种力量的消耗就会越严重，最终当市场上有新的多方或者空方力量进入时，股价将会选择方向突破。

如果股价向上突破三角形上边线，说明有新的多方力量进入，开始拉升股价，未来股价将在其拉升下持续上涨，此时投资者可以积极买入股票。

如图 10－7 所示，2014 年 11 月至 2015 年 2 月，在钢研高纳（300034）股价持续横盘的过程中，投资者将高点和低点分别用直线连接起来，可以得到一个三角形整理形态。这样的形态说明市场上的多方和空方持续僵持，而且在僵持过程中，双方力量都快速消耗。

2 月 27 日，股价突破了三角形上边线。这说明市场上有新的多方力量进入，开始将股价持续向上拉升。这是未来股价会持续上涨的信号，此时投资者可以积极买入股票。

图 10－7　钢研高纳（300034）的日 K 线图

股价经过三角形形态的整理后，如果最终向下跌破三角形下边线，就说明有新的空方力量进入，开始将股价持续向下打压，未来股价将在空方的打压下持续下跌。看到这样的形态时，投资者应该尽快卖出手中的股票。

图 10－8　海特高新（002023）的日 K 线图

如图 10－8 所示，2015 年 5 月底至 6 月，海特高新（002023）股价在高位横盘整理的过程中，高点逐渐降低，低点逐渐抬高，形成了三角形整理形态。这样的形态说明市场上的多空力量持续僵持，而且双方力量均被大量消耗。

6 月 16 日，股价跌破三角形下边线。这说明有新的空方力量进入，未来该股将会在其打压下持续下跌。看到这样的形态时，投资者应该尽快卖出股票。

10.2.3　旗形整理的趋势线

旗形整理形态可分为上升旗形和下降旗形两种。

如果股价上涨一段时间后进入整理行情，并且投资者将每次波动的高点和低点分别用直线连接起来，就可以得到两条基本水平且向右下方倾斜的直线，组成上升旗形形态。

上升旗形形态说明股价上涨后遇到了一定的阻力，但是这种下跌行情并不十分强势，并且没有引起投资者的普遍恐慌，股价处于一个稳健的调整区间中。未来一旦这些获利抛盘耗尽，股价就将向上突破旗形上边线，重新进入上涨行情。因此，当股价突破上升旗形通道的上边线时，投资者可以积极买入股票。

如图 10－9 所示，2015 年 4 月，宋城演艺（300144）股价经过前期强势上涨后见顶回落，回落时该股形成了上升旗形整理形态。这样的形态说明股价上涨虽然遇到一定的阻力，但是阻力力量十分有限，未来上涨行情还将继续。

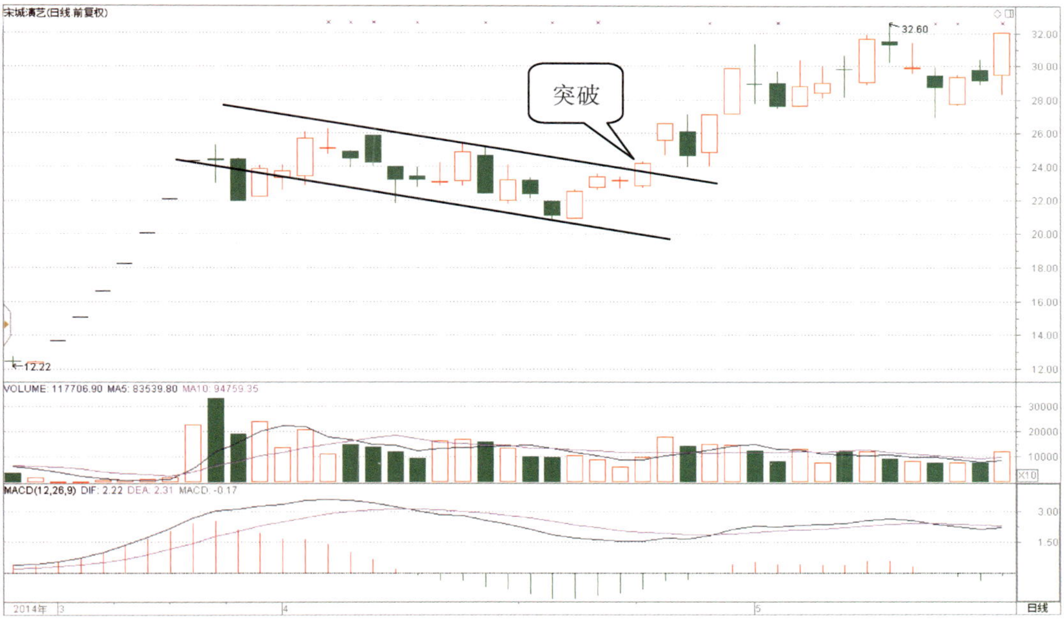

图 10－9　宋城演艺（300144）的日 K 线图

4月24日，股价突破了旗形上边线，这标志着短暂的回调行情结束，未来股价将会持续上涨。此时投资者可以积极买入股票。

下降旗形通道出现在股价下跌一段时间之后的反弹过程中。股价在反弹过程中不断波动，投资者将每次波动的高点和低点分别用直线连接起来，就可以得到两条基本水平且向右上方倾斜的直线，组成下降旗形形态。

下降旗形形态说明股价下跌一段时间后，有少量抄底资金进入，这些资金对股价形成了一定的支撑力量，但是其支撑力量并不十分强势，难以带来市场反转，股价处于一种较弱的反弹行情中，未来一旦抄底资金耗尽，股价就将跌破旗形通道的下边线，继续下跌行情。因此，当股价跌破下降旗形的下边线时，投资者应该尽快卖出股票。

如图10－10所示，2015年6月底至7月，迪安诊断（300244）股价在下跌中途反弹，形成了下降旗形通道。这样的行情说明股价下跌后，有一定的抄底资金进入，但是这种抄底资金的力量较弱，难以推动股价持续上涨。

7月30日，股价跌破了旗形通道的下边线，这是抄底资金耗尽，股价将会继续下跌的信号。看到这样的信号时，投资者应该尽快卖出股票。

图10－10 迪安诊断（300244）的日K线图

10.3　反转行情的颈线

当股价下跌到底部形成双底、三重底、头肩底等形态时，或者上涨到顶部形成双顶、三重顶、头肩顶等形态时，都会有一条颈线。通过股价对这个颈线位置的突破或跌破，投资者就可以判断上涨行情或者下跌行情的开始。

10.3.1　双底和双顶的颈线

双底形态出现在股价下跌一段时间之后的底部区域。在底部区域，连续出现两个最低价基本水平的底部，以第一个底部回调的高点为基础做水平线，就可以得到双底形态的颈线。

双底形态说明股价下跌后获得较强支撑，一旦股价突破颈线，就是上涨行情已经开始的信号，此时投资者可以积极买入股票。

如图 10－11 所示，2014 年 12 月至 2015 年 1 月，全柴动力（600218）股价下跌至底部后，连续两次在几乎同一个位置获得支撑，形成了双底形态。这样的形态说明股价下跌后获得强烈支撑，是未来股价即将见底反弹的信号。

1 月 22 日，股价向上突破双底形态的颈线，这是上涨行情开始的信号。此时投资者可以积极买入股票。在随后的几个交易日中，股价小幅回抽后在颈线位置获得支撑，此时投资者可以积极加仓买入股票。

图 10－11　全柴动力（600218）的日 K 线图

双顶形态与双底形态相反。该形态出现在一段上涨行情的尾端，是股价连续两次上涨到几乎同一个价位时遇阻下跌，形成基本水平的两个顶部。以第一个顶部回调后形成的低点为基础画水平线，就可以得到双顶形态的颈线。

双顶形态说明股价上涨后遇到较强阻力，有见顶下跌的趋势。一旦股价跌破双顶形态的颈线，就说明下跌行情已经确认，此时投资者应该尽快卖出手中的股票。

如图 10－12 所示，2015 年 5 月底至 6 月，多氟多（002407）股价连续两次上涨到几乎同一个价位时遇阻下跌，形成双顶形态。这样的形态说明股价上涨遇到巨大阻力，有见顶下跌的趋势。

6 月 19 日，股价跌破双顶形态颈线，这标志着下跌趋势已经确认，此时投资者应该尽快将手中的股票卖出。

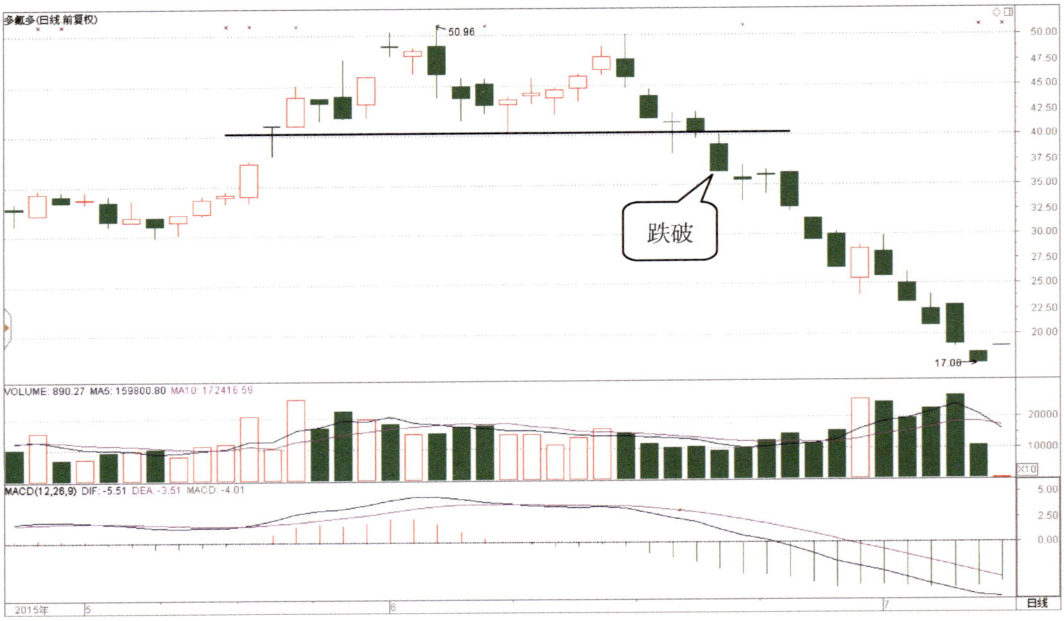

图 10－12　多氟多（002407）的日 K 线图

10.3.2　三重底和三重顶的颈线

三重底形态是指股价下跌一段时间后，出现的连续三个基本水平的底部。该形态中前两个底部回调时所形成的高点也基本水平，用直线将股价前两次回调的高点连接起来，就可以得到三重底的颈线。

三重底形态说明股价下跌后获得较强支撑。随着股价在底部的反复波动，原来打压股价的空方力量会逐渐被消耗。一旦股价向上突破颈线，就说明多方已经占据主动，开始将股价向上拉升。此时投资者可以积极买入股票。

如图 10－13 所示，2014 年 10 月至 2015 年 3 月，中航地产（000043）股价下跌至底部后，连续三次在几乎同一价位获得支撑，形成三重底形态。这说明股价下跌后获得较强支撑，未来行情有见底反弹的趋势。

3 月 9 日，股价强势上涨，向上突破三重底的颈线。这是上涨行情已经开始的信号，此时投资者可以积极买入股票。

图 10－13　中航地产（000043）的日 K 线图

三重顶与三重底相反，往往出现在上涨行情的尾端。股价上涨一段时间后，连续三次上涨到几乎同一价位时都遇阻下跌，形成三个高点基本水平的顶部，就是三重顶形态。在三重顶形态中，前两个顶部回调所形成的低点也基本水平，用直线将这两个低点连接起来，就可以得到三重顶的颈线。

当三重顶形态出现时，说明股价上涨遇到较强阻力，并且在顶部整理过程中，拉升股价的多方力量逐渐被消耗。一旦股价跌破颈线，就是空方占据主动开始打压股价的信号。此时投资者应该尽快将手中的股票卖出。

如图 10－14 所示，2015 年 4 月至 6 月，中国中铁（601390）股价连续三次上涨到几乎同一个价位时都遇阻下跌，形成了三重顶形态。这样的形态说明股价上涨受阻，即将见顶下跌。

6 月 19 日，股价跌破三重顶颈线，这是下跌趋势得到确认的信号。看到这样的信号时，投资者应该尽快将手中的股票卖出。

图 10－14 中国中铁（601390）的日 K 线图

10.3.3 头肩底和头肩顶的颈线

头肩底形态是下跌行情尾端形成的连续三个底部。在这三个底部中，左右两个底的最低价基本相同，中间底的最低价略低，从左到右依次叫作左肩、头部、右肩。同时，该形态中在左肩和头部形成后的两次反弹过程中，股价基本也在同一价位受到阻力回调。投资者将两次反弹的高点用直线连接起来就可以得到该形态的颈线。

在头肩底形态中，右肩的低点高于头部说明打压股价的空方力量已经有所减弱，股价有了上涨的趋势。一旦股价突破颈线，就是下跌行情结束，未来股价将被持续拉升的信号，此时投资者可以积极买入股票。

如图 10－15 所示，2014 年 12 月至 2015 年 2 月，天宝股份（002220）股价下跌至底部后逐渐获得支撑，在底部形成了头肩底形态。这样的形态说明下方支撑力量较强，打压股价的空方力量逐渐减弱，是未来行情将会见底反弹的信号。

3 月 2 日，股价突破头肩底的颈线，这说明该股的上涨趋势已经得到了确认，此时投资者可以积极买入股票。

头肩顶形态与头肩底形态正好相反。头肩顶形态出现在上涨行情尾端，由连续三个顶部组成，左右两边顶部基本水平，中间的顶部略高。这三个顶部从左到右依次叫作左肩、头部、右肩。左肩和头部两次回调后所形成的低点基本水平，这两个低点的连线为颈线。

图 10－15　天宝股份（002220）的日 K 线图

在头肩顶形态中，右肩低于头部，说明拉升股价的多方力量已经在逐渐减弱，股价有了见顶下跌的趋势。当股价最终跌破头肩顶的颈线时，说明空方已经开始在持续打压股价，此时投资者应该尽快将手中的股票卖出。

图 10－16　黑牛食品（002387）的日 K 线图

如图 10－16 所示，2015 年 5 月至 7 月初，黑牛食品（002387）股价上涨至高位后遇阻，形成了头肩顶形态。这种形态说明股价上涨遇到较大阻力，上涨的动力越来越弱，有见顶下跌的趋势。

6 月 18 日，该股股价跌破颈线，这是下跌行情即将开始的信号，此时投资者应该尽快将手中的股票卖出。

第 11 章　根据量价配合做预测

成交量是指股票在一段时间内买卖总成交的数量。通过成交量指标，投资者可以看出在股价涨跌过程中推动这种涨跌的内在能力的强弱，从而对未来行情做出更加准确的判断。

11.1　常见的量价配合形态

股价有上涨和下跌两种基本形态，成交量也有放量和缩量两种基本形态。这样两两对应，量价配合的基本形态就有以下四种。

11.1.1　放量上涨

当股价上涨的同时，如果成交量也持续放大，说明上涨行情得到了市场上投资者的普遍认可，越来越多的投资者追高买入股票。而这些投资者的买入又会推动股价持续上涨，此时该股进入了良性的上涨周期，未来随着投资者的不断涌入，股价会持续上涨。在这个过程中，投资者可以积极追高买入股票。

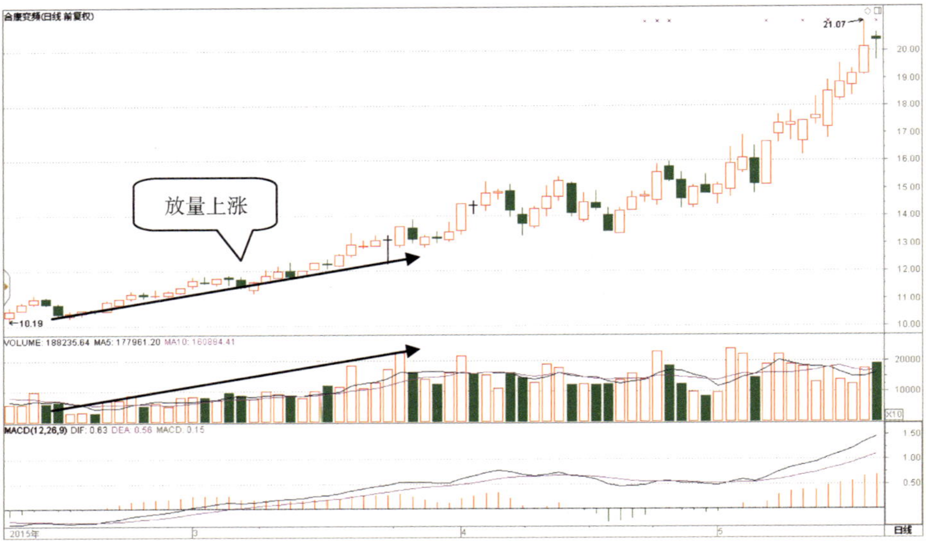

图 11－1　合康变频（300048）的日 K 线图

如图 11－1 所示，2015 年 2 月至 3 月，合康变频（300048）股价在持续上涨的过程中，其成交量也持续放大。这样的形态说明该股已经进入了良性上涨循环中，未来将会持续上涨。看到这样的形态时，投资者可以在上涨的过程中积极追高买入股票。

11.1.2　缩量上涨

在股价持续上涨的同时，如果股票的成交量持续萎缩，就说明虽然股价上涨，但投资者普遍不看好后市走向，追高买入股票的投资者越来越少，股价上涨动能不足，有见顶下跌的风险。

经过缩量上涨行情后，一旦股价下跌，就表示多方力量已经耗尽，股价开始被空方持续向下打压。看到这样的形态时，投资者应该卖出股票回避风险。

如图 11－2 所示，2015 年 4 月至 5 月，国睿科技（600562）股价在持续上涨的过程中，其成交量逐渐萎缩，形成了缩量上涨的走势。这样的走势说明虽然股价上涨，但是这种上涨行情没有得到投资者的普遍认可，是未来行情将会见顶下跌的信号。因此，在这样的上涨行情中，投资者不宜过分追高，应该选择高点卖出股票，回避风险。

图 11－2　国睿科技（600562）的日 K 线图

11.1.3　放量下跌

如果在股价持续下跌的同时成交量持续放大，就说明股价下跌引起了投资者的普遍恐慌，大量投资者因为看空后市而卖出股票，而他们的卖出又导致股价继续下跌，造成更大的恐慌，该股已经进入了恶性的下跌周期，短期内这种持续下跌的趋势很难改变。看到这样的形态时，投资者应该尽快将手中的股票卖出。

如图 11－3 所示，2015 年 6 月，海通证券（600837）股价经过顶部横盘整理后开始持续下跌。随着股价的下跌，成交量也持续放大。这样的放量下跌形态说明随着股价的下跌，越来越多的投资者因为恐慌而卖出股票，该股进入了恶性的下跌周期。在这个过程中，投资者应该尽快将手中的股票卖出，回避风险。

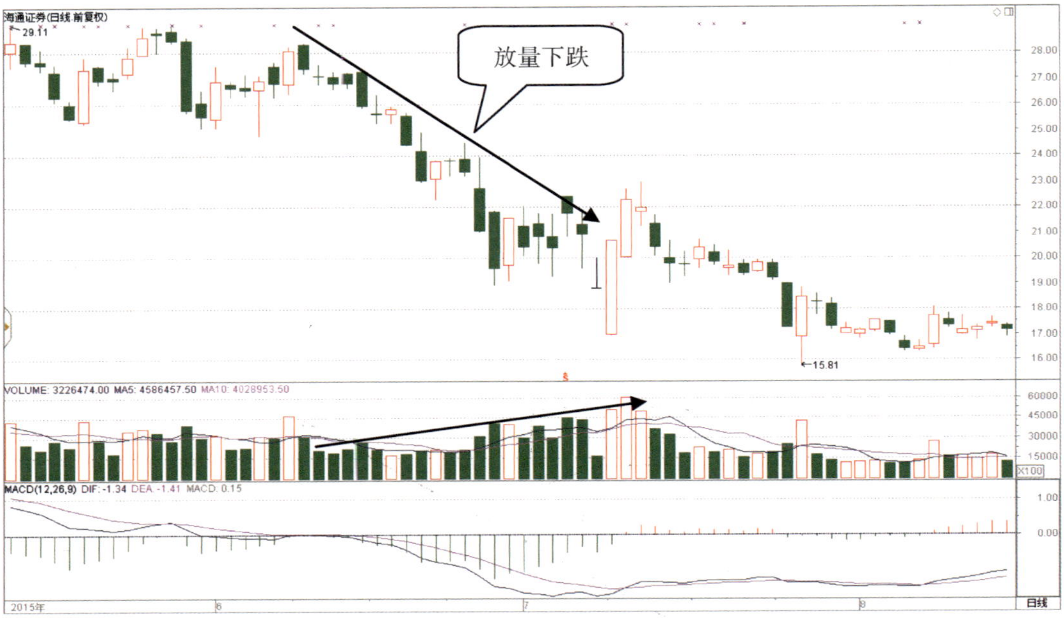

图 11－3　海通证券（600837）的日 K 线图

11.1.4　缩量下跌

当股价持续下跌时，如果成交量也持续萎缩，说明随着股价的下跌，愿意低价抛出股票的投资者越来越少。这样的形态说明投资者普遍对后市抱有乐观的态度，股价下跌动能正在减弱，未来有见底反弹的趋势。

因此，当看到股价形成缩量下跌的形态时，投资者可以重点关注股价后市走向。一旦股价见底反弹，就可以积极买入。

如图 11－4 所示，2015 年 4 月至 5 月初，宝光股份（600379）股价在见顶回落的同时，其成交量也持续萎缩。这样的形态说明投资者仍然普遍看好该股后市行情，随着股价的下跌，愿意抛出股票的投资者越来越少。这是下跌行情不会持续太长时间，未来股价将见底反弹的信号。看到这样的信号时，投资者可以重点关注该股的后市行情，寻找机会抄底买入股票。

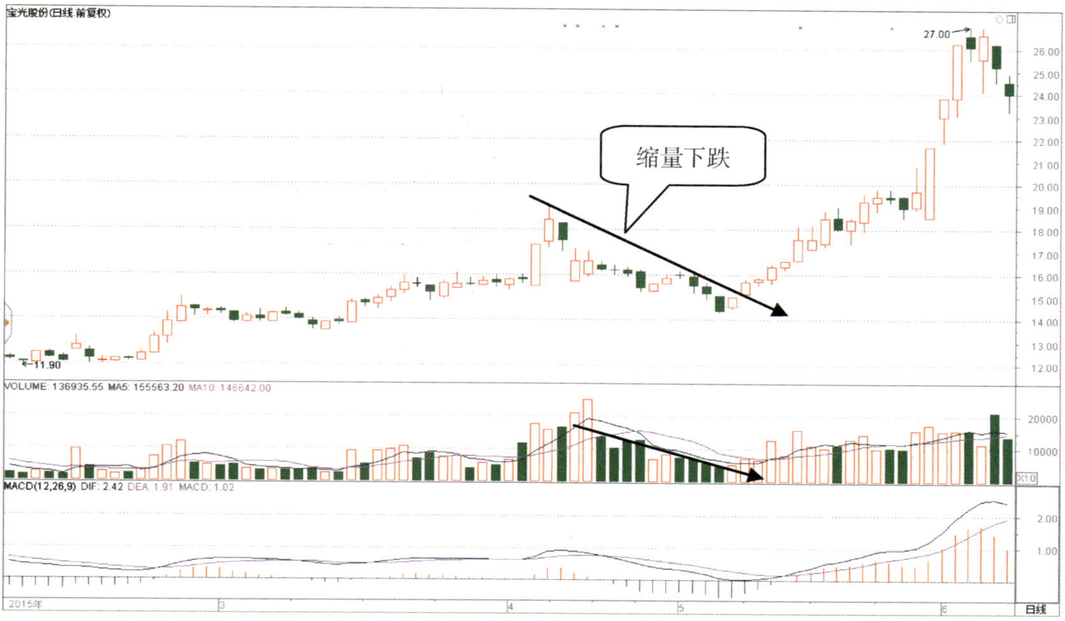

图 11－4　宝光股份（600379）的日 K 线图

11.2　特殊时段的量价形态

以上四种量价配合形态只是一般的情况。在一些特殊的行情中，特殊的量价配合形态会显示出特殊的涨跌信号。这样的形态主要有以下几个。

11.2.1　低位量价齐升

如果股价在低位逐渐形成上涨趋势的同时，成交量也同步放大，就说明经过底部整理后，投资者已经开始逐渐看好后市行情的发展。随着股价的上涨，看好后市的投资者数量越来越多，而他们的买入又推动股价继续上涨，使得更多投资者看好该股的后市走向。此时股票已经进入了良性的上涨循环，只要放量上涨的形态还在继续，投资者就可以积极追高买入股票。

如图 11－5 所示，2015 年 1 月底，通富微电（002156）股价经过底部持续的横盘整理行情后，逐渐开始上涨。在上涨的过程中，其成交量也持续放大。这样的形态说明随着股价的上涨，不断有投资者买入股票，股价已经进入了良性的上涨循环。在这样的放量上涨过程中，投资者可以积极追高买入股票。

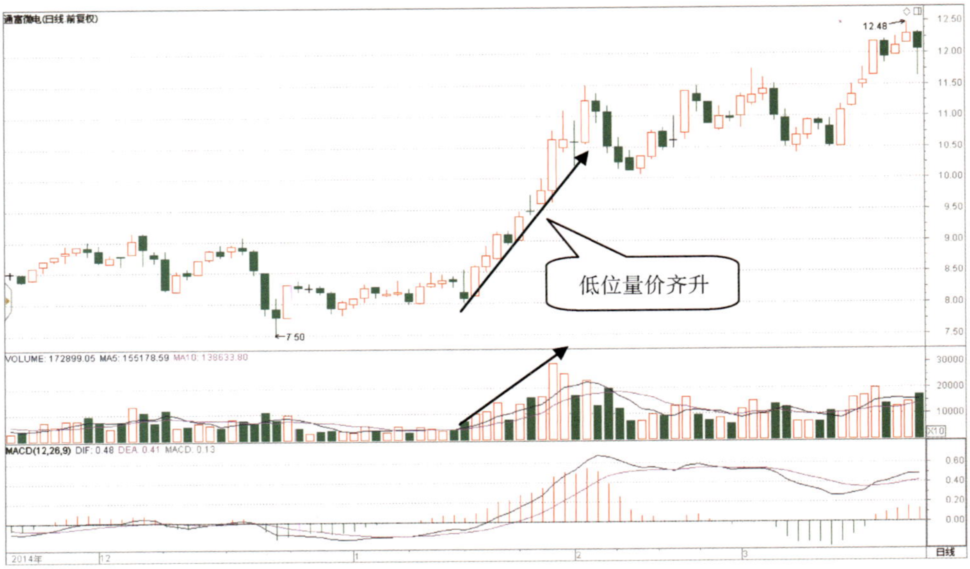

图 11－5　通富微电（002156）的日 K 线图

11.2.2　放量突破阻力位

当股价向上突破前期高点、重要的均线、趋势线等阻力位时，如果成交量同步大幅放大，则说明市场上的多方力量正在将股价强势向上拉升，准备一举突破之前的阻力位，未来股价将在多方的拉升下持续上涨。看到这样的形态时，投资者可以积极买入股票。

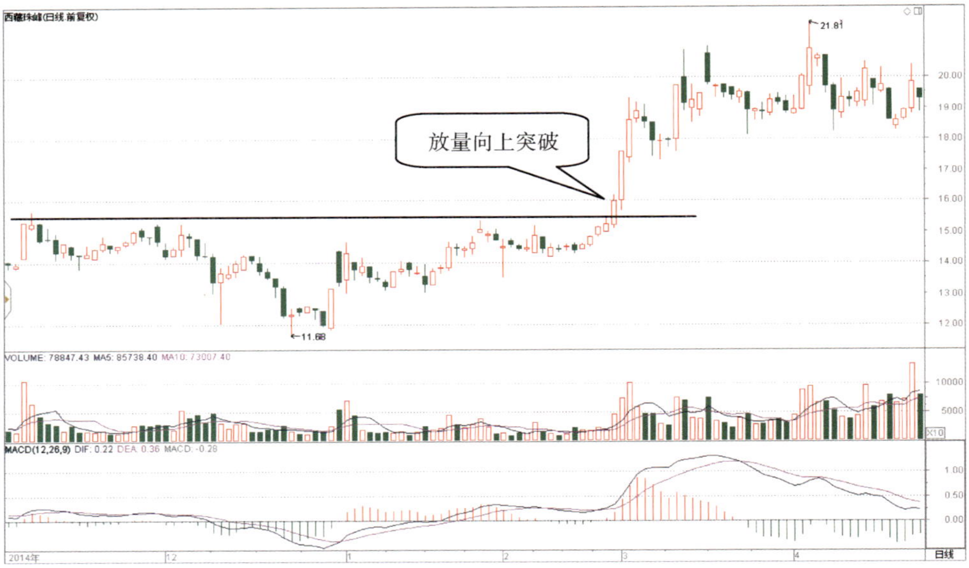

图 11－6　西藏珠峰（600339）的日 K 线图

如图 11－6 所示，2015 年 3 月初，西藏珠峰（600339）股价突破前期持续横盘整理高点的同时，其成交量也大幅放大。这样的形态说明此时的股价被多方力量强势向上拉升。这样的阻力位一旦被放量突破，未来股价将会持续上涨。因此看到这样的形态时，投资者可以积极买入股票。

11.2.3　支撑位缩量企稳

当股价见顶回落时，如果回落至前期低点、重要的均线、趋势线等支撑位附近时，成交量也大幅萎缩，则说明投资者普遍看好该股的后市行情，股价能够在这个位置获得支撑。当股价下跌至支撑位后，抛出股票的投资者数量明显减少，这是未来股价将能够获得支撑持续上涨的信号。

当股价在支撑位获得支撑后，如果成交量持续放大，则说明投资者继续看好后市行情。看到股价获得支撑就会有投资者追高买入，这是未来股价会持续上涨的信号。

因此，当看到股价回落至支撑位附近而成交量萎缩，股价获得支撑后成交量放大的形态时，就是股价即将持续上涨的信号。此时投资者可以积极买入股票。

如图 11－7 所示，2015 年 4 月，同德化工（002360）股价在持续下跌向 60 日均线运行的同时，其成交量也持续萎缩。这样的形态说明投资者认为 60 日均线附近有支撑存在，随着股价的下跌，抛出股票的投资者数量越来越少。

图 11－7　同德化工（002360）的日 K 线图

5月初，当股价在60日均线上获得支撑开始上涨后，其成交量也持续放大，这说明投资者继续看好后市行情发展。看到股价获得支撑就会有大量投资者买入股票，推动股价持续上涨。

这样的形态是未来行情将会继续上涨的信号，此时投资者可以积极追高买入股票。

11.2.4 高位放量滞涨

在股价上涨的过程中，如果成交量持续放大，则是上涨趋势持续的信号。如果股价上涨到高位后，成交量继续放大，但股价却无法像之前一样持续上涨，则说明股价上涨遇到了巨大阻力。此时虽然多方在努力地将股价向上拉升，但上方抛盘压力较大，多空双方在高价区激烈争夺，造成成交量大幅放大。

这样的形态是股价上涨遇阻的信号，此时行情已经有了下跌的风险。看到这样的信号时，投资者应该卖出手中的股票，回避风险。

如图11－8所示，2015年6月，渤海租赁（000415）股价上涨至高位后，成交量虽然大幅放大，但是股价却无法持续上涨，而是在顶部持续横盘整理。这样的形态说明股价上涨至顶部后遭遇巨大阻力，这是股价将见顶下跌的信号。看到这样的信号时，投资者应该尽快卖出手中的股票。

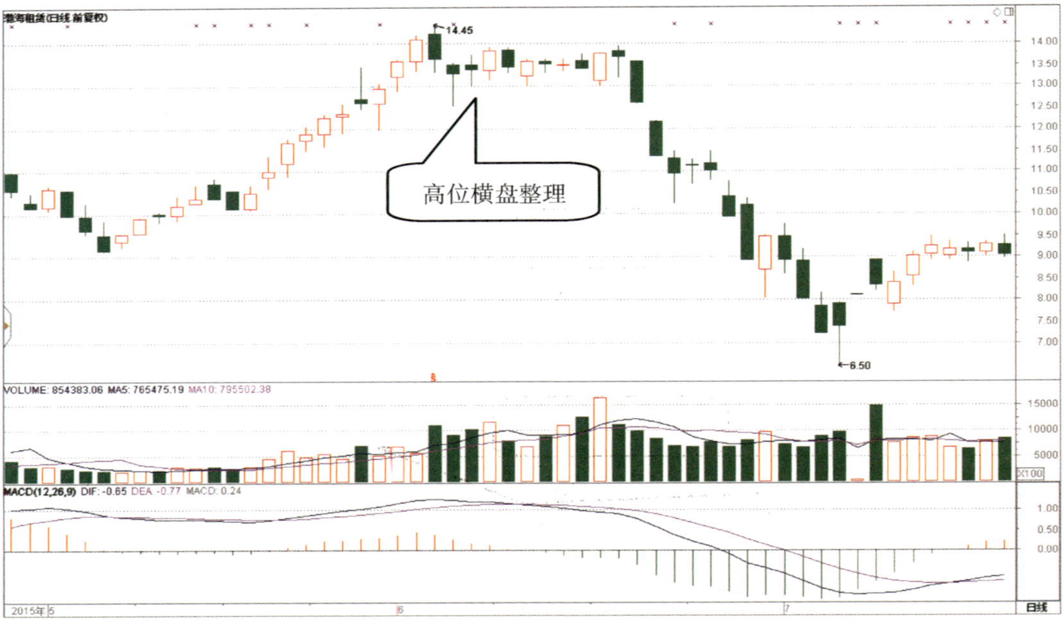

图11－8 渤海租赁（000415）的日K线图

11.2.5　反弹中缩量上涨

当股价在持续下跌行情中形成反弹时，如果成交量持续萎缩，则说明这次反弹并没有得到多方力量的普遍认可，因为反弹而追高买入股票的投资者很少。此时市场上多数投资者还看空后市，即使股价上涨，也没有太多投资者愿意做多买入。随着股价的上涨，推升股价的多方力量越来越弱，股价有见顶下跌的风险。看到这样的形态时，投资者应该尽快卖出手中的股票。

如图 11－9 所示，2015 年 7 月，莱美药业（300006）股价在持续下跌行情中形成反弹时，其成交量没能持续放大，而是显示出了萎缩的趋势。这样的缩量反弹行情说明虽然股价上涨，但追高买入的投资者很少，未来股价难以持续上涨。因此，该形态只是下跌行情中的一次反弹，股价的长期趋势还是向下。看到这样的形态时，投资者不宜买入股票，如果此时投资者手中还有股票，应该尽快卖出。

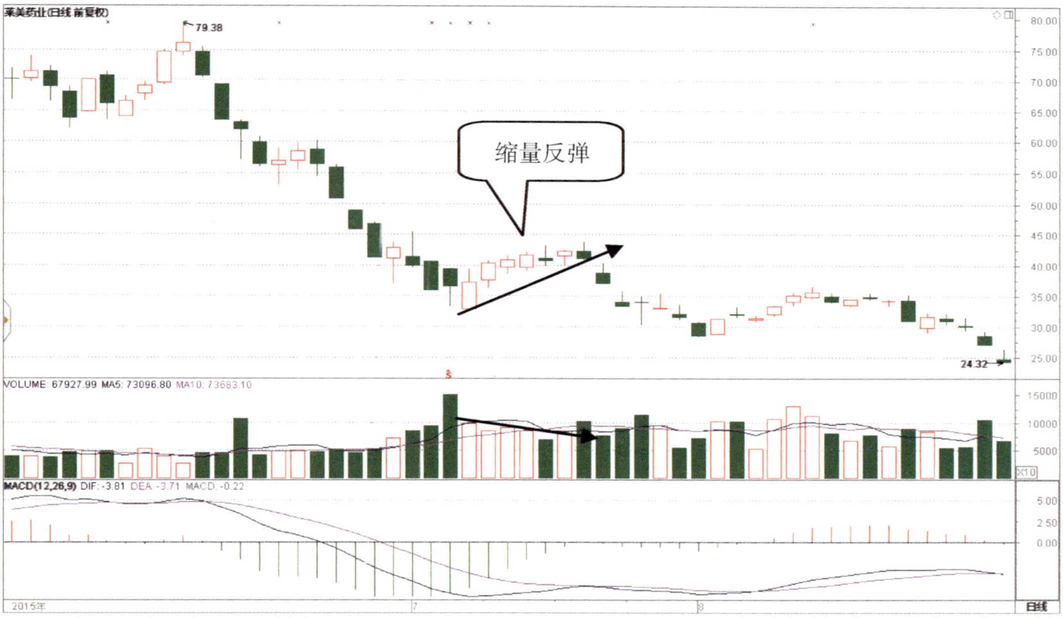

图 11－9　莱美药业（300006）的日 K 线图

11.2.6　向下无量空跌

在股价持续下跌的过程中，如果其成交量已经萎缩至很低的位置，并长期保持成交稀少的状态，就形成了无量空跌的量价配合形态。这样的形态说明随着股价的下跌，市场上的交易越来越冷清，已经没有太多投资者关注该股后市行情的发展。虽然抛出股票的投资者很少，但同样也没有投资者买入股票。

一旦进入这种无量空跌的行情，股价在一段时间内就将会持续下跌。看到这样的形态时，投资者应该尽快卖出股票。

如图 11－10 所示，2015 年 6 月底，蓝丰生化（002513）股价在持续下跌的过程中，有几个交易日其成交量一直保持在很低的水平。这样的形态说明市场上交易冷清，无论买方还是卖方都没有兴趣交易该股，投资者已经对该股失去了兴趣。该形态预示着这种下跌行情将会持续较长时间，在这个过程中，投资者应该尽快卖出股票。

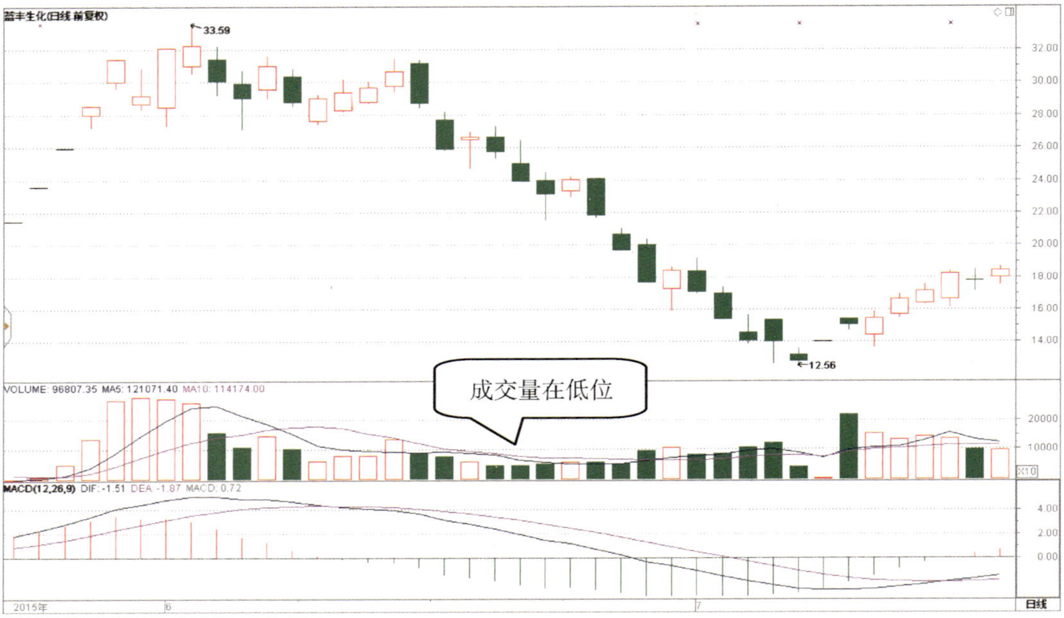

图 11－10　蓝丰生化（002513）的日 K 线图

第 12 章　根据技术指标做预测

技术指标是通过各种数学公式对股价和成交量数据进行综合计算后得到的一组曲线或者柱线。通过技术指标，投资者可以对市场行情进行更加量化的考核。

12.1　根据均线指标做预测

均线是移动平均线的简称，又叫作 MA，是根据一段时间内平均股价计算得到的技术指标。根据统计周期的不同，均线可以分为 5 日均线、10 日均线、30 日均线、60 日均线、120 日均线等。不同周期的均线可以反映不同统计周期内股价的涨跌情况。例如，5 日均线上的每个点都代表最近 5 个交易日的平均收盘价。

12.1.1　均线对股价的支撑和阻力

均线可以近似地说明一段时间内的平均股价。在股价涨跌过程中，均线会对股价起到较强的阻力和支撑作用。

当股价在均线上方运行时，均线会成为股价下跌时的重要支撑位。这是因为当股价下跌到均线附近时，也就是接近了一段时间内买入该股投资者的平均持股成本。这是一个市场上投资者普遍认可的买入价格，会有很多投资者在这里买入股票，对股价形成支撑。

一旦股价在均线位置获得支撑后开始持续上涨，就证明了这条均线的支撑力量存在，此时投资者就可以积极买入股票。并且均线的支撑作用一旦被验证，在未来的行情中还可能继续成为股价上涨的重要的支撑线。

如图 12－1 所示，2015 年 3 月底，泰格医药（300347）股价回落至 30 日均线附近时获得支撑上涨，这验证了 30 日均线对股价的支撑作用。当股价获得支撑开始上涨时，投资者可以积极买入股票。在随后的上涨行情中，股价在 30 日均线上方持续上涨。

图 12－1　泰格医药（300347）的日 K 线图

当股价在均线下方运行时，均线会成为股价上涨时的重要阻力位。这是因为当股价上涨到均线附近时，也就是接近了一段时间以来买入该股的所有投资者的平均持股成本，这些被套牢的投资者一旦获得解套，就会抛出股票，对股价形成较强的阻力。

一旦股价上涨至某条均线附近时遇到阻力下跌，就验证了这条均线的阻力作用，此时投资者应该尽快卖出股票。未来在股价持续下跌的过程中，还有可能在这条均线附近遇到阻力，持续下跌。

如图 12－2 所示，2015 年 7 月，神州信息（000555）股价反弹至 30 日均线附近时遇到阻力。这样的形态验证了 30 日均线是股价下跌的重要阻力线。看到股价遇阻回落时，投资者应该尽快卖出股票。在随后的行情中，股价持续在 30 日均线下方下跌，多次反弹至该均线位置时都遇到了强大的阻力。

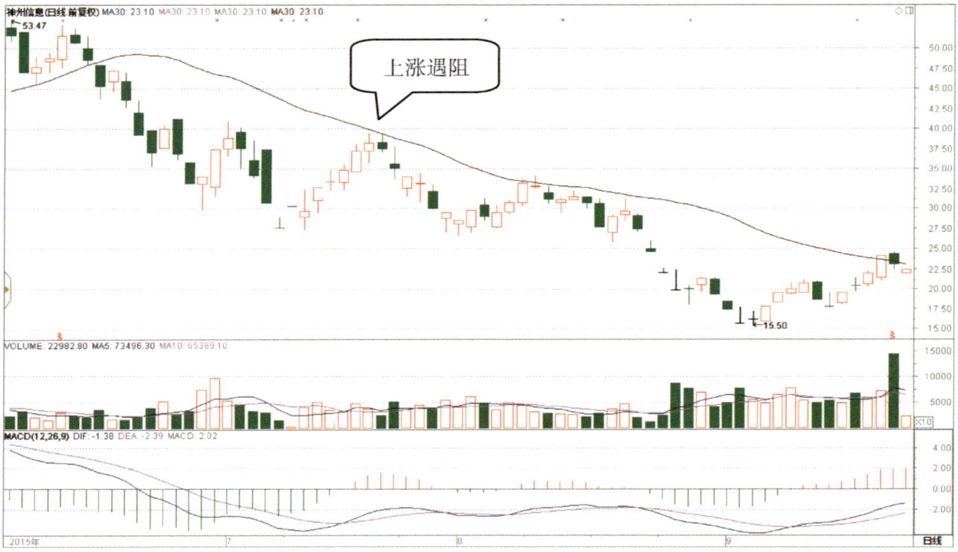

图 12－2 神州信息（000555）的日 K 线图

12.1.2 股价突破和跌破均线

如果股价在下跌过程中在某条均线位置遇阻，就验证了该均线是股价上涨重要的阻力线。未来股价上涨时，一旦能够突破该均线的阻力，就说明多方正在持续地拉升股价，股价已经由下跌行情进入了上涨行情。这是看涨买入信号，此时投资者可以积极买入股票。

如图 12－3 所示，2014 年 9 月至 11 月初，泸州老窖（000568）股价在下跌过程中，连续多次在其 20 日均线位置遇到阻力。这说明 20 日均线是股价上涨重要的阻力线。

11 月 10 日，该股股价强势上涨，突破了 20 日均线的阻力。这说明多方开始强势拉升股价，此时投资者可以积极加仓买入股票。

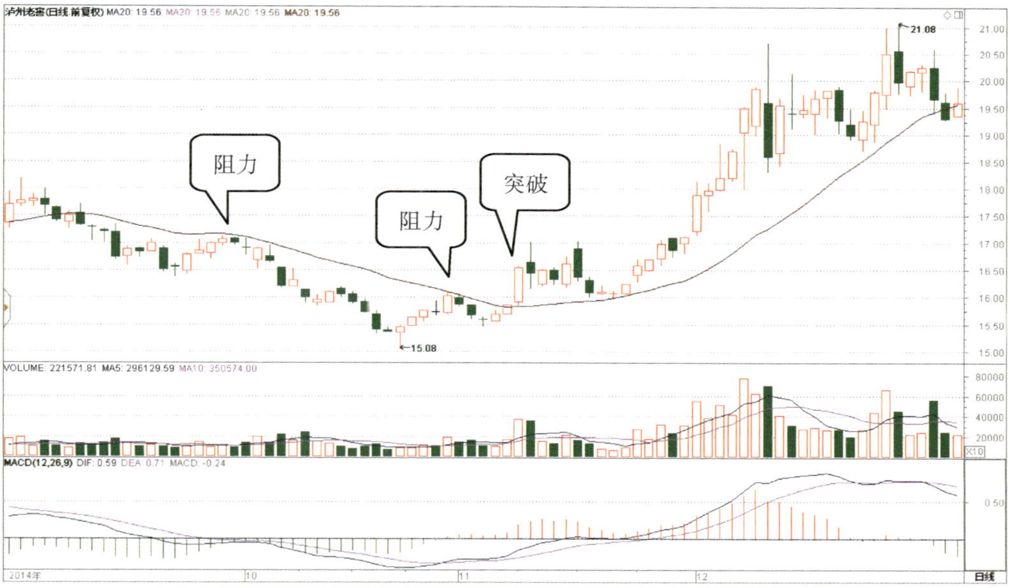

图 12－3　泸州老窖（000568）的日 K 线图

股价在持续上涨的过程中，如果多次在某条均线位置获得支撑，就验证了该均线是股价重要的支撑线。在未来的行情中，一旦股价见顶下跌，跌破均线，就意味着空方开始强力打压股价，未来股价将在空方的打压下持续下跌，进入下跌行情。看到这样的形态时，投资者应该尽快将手中的股票卖出。

图 12－4　广东甘化（000576）的日 K 线图

如图 12－4 所示，2015 年 4 月至 6 月，广东甘化（000576）股价在持续上涨的过程中多次获得 20 日均线的支撑。这样的形态说明 20 日均线是股价上涨重要的支撑线。

随后，在 6 月 16 日，股价跌破了 20 日均线。这说明空方开始持续打压股价，未来股价将持续下跌。看到这样的形态时，投资者应该尽快将手中的股票卖出。

12.1.3 均线间的金叉和死叉

均线可以表示一段时间内的平均股价，短期均线表示短期内的平均股价，长期均线表示长期内的平均股价。当两条均线交叉时，会形成特殊的市场含义。根据交叉方向的不同，均线间的交叉可以分为金叉和死叉两种。

均线的金叉是指短期均线自下向上突破长期均线的形态。当短期均线向上突破长期均线时，说明短期内的平均股价已经超过了长期内的平均股价，股价进入上涨趋势。看到这样的形态时，投资者可以积极买入股票。

如图 12－5 所示，2015 年 1 月 29 日，大通燃气（000593）见底反弹后，其 10 日均线向上突破 30 日均线，形成金叉形态。这种形态说明 10 个交易日内的平均股价已经超过 30 个交易日内的平均股价，是该股已经进入上涨行情的信号。看到这种的形态时，投资者可以积极追高买入股票。

图 12－5　大通燃气（000593）的日 K 线图

均线的死叉形态是指短期均线自上向下跌破长期均线的形态。当短期均线跌破长期均线时，就说明短期内的平均股价已经低于长期的平均股价，股价已经进入持续的下跌行情。看到均线形成死叉形态时，投资者应该尽快将手中的股票卖出。

如图 12－6 所示，2015 年 6 月 29 日，石油济柴（000617）股价经过见顶回落后，其 10 日均线跌破了其 30 日均线，形成死叉形态。这说明 10 个交易日内的平均股价已经低于 30 个交易日内的平均股价，是该股进入短期下跌行情的信号。看到这样的信号时，投资者应该尽快将手中的股票卖出。

图 12－6　石油济柴（000617）的日 K 线图

12.1.4　均线的多头排列和空头排列

当一张 K 线图中同时显示三根或者更多的 K 线时，通过这些 K 线之间的排列方式，投资者就可以了解当前市场行情的方向，并对未来趋势做出判断。

在多条均线中，如果短期均线在中期均线上方，而中期均线在长期均线上方，周期越短的均线位置越高，这种均线排列的形态就被称作均线多头排列。

当均线形成多头排列形态时，说明短期市场上的交易价格高于中期交易价格，而中期交易价格又超过长期交易价格。这种形态意味着股价在最近一段时间持续上涨，是当前市场处于上涨行情中，并且这种上涨行情还将继续的信号。

看到均线的多头排列形态形成时，投资者可以积极买入股票。并且在随后的行情中，只要多头排列形态没有被破坏，投资者就可继续积极持有股票。

如图 12－7 所示，2015 年 3 月至 6 月，新华联（000620）股价在持续上涨的过程中，其10日均线一直在30日均线上方，30日均线也在60日均线上方，三条均线组成多头排列形态。这样的形态是股价处于上涨趋势中，并且未来会持续上涨的信号。看到这样的形态时，投资者可以积极买入股票。

图12－7　新华联（000620）的日K线图

如果在多条均线中，短期均线位于中期均线下方，而中期均线又位于长期均线下方，周期越短的均线位置越低，就形成了均线的空头排列形态。这种形态说明市场上投资者短期的交易成本低于中期交易成本，而中期交易成本又低于长期交易成本，是市场已经处于弱势下跌行情中的信号，并且未来这种弱势行情还将继续。

均线空头排列形态一旦形成，投资者就应该尽快卖出股票。在随后的行情中，只要空头排列形态没有被破坏，就说明股票的下跌行情还在继续，此时投资者不应该买入股票。

如图12－8所示，2015年6月底至9月，长安汽车（000625）股价在见顶回落的过程中，其10日均线一直在30日均线下方，30日均线又在60日均线下方，三条均线组成了空头排列形态。这样的形态说明市场已经进入弱势下跌行情中，并且未来还会持续下跌。在这个过程中，投资者不应该买入股票，如果手中有股票的话，应该果断卖出。

图 12－8　长安汽车（000625）的日 K 线图

12.2　根据 MACD 指标做预测

MACD 指标是统计股价运行趋势的技术指标。该指标由两条指标线和一组柱线组成。

两条曲线中波动较快的曲线是 DIFF 线，表示股价短期内的涨跌速度；波动较慢的曲线是 DEA 线，表示股价在较长时间内的涨跌速度。这两条曲线的位置越高，说明股价上涨的速度越慢。快慢是相对而言的，不是绝对的，这个必须注意。

指标中的柱线是 MACD 线，反映推动股价涨跌的内在动能的强弱。柱线在 0 轴上方时显示为红色，红色柱线越长说明推动股价上涨的能量越强；柱线在 0 轴下方时显示为绿色，绿色柱线越长说明打压股价下跌的能量越强。

12.2.1　MACD 指标金叉和死叉

MACD 指标金叉是指 DIFF 线自下向上突破 DEA 线的形态。这样的形态说明股价短期内的上涨速度超过长期上涨速度，有加速上涨的迹象，因此是看涨买入信号。看到这样的信号时，投资者可以积极买入股票。

如图 12－9 所示，2015 年 2 月 16 日，攀钢钒钛（000629）MACD 指标中的 DIFF 线突破了 DEA 线，形成金叉形态。这种形态说明股价正在加速上涨，是看涨买入信号。看到这样的信号时，投资者可以积极买入股票。

图 12－9 攀钢钒钛（000629）的日 K 线图

MACD 指标死叉是指 DIFF 线自上向下跌破 DEA 线的形态。这样的形态说明股价短期内的下跌速度超过长期下跌速度，有加速下跌的迹象，因此是看跌卖出信号。看到这样的信号时，投资者应该尽快卖出手中的股票。

图 12－10 顺发恒业（000631）的日 K 线图

如图 12－10 所示，2015 年 6 月 17 日，顺发恒业（000631）股价见顶下跌时，其 MACD 指标中的 DIFF 线跌破了 DEA 线，形成死叉形态。这样的形态说明股价短期内的下跌速度越来越快，是看跌卖出信号。看到这样的信号时，投资者应该尽快卖出股票。

12.2.2　DIFF 线底背离和顶背离

DIFF 线可以反映股价短期内的涨跌速度。当股价运行方向与 DIFF 线涨跌方向相反时，两者就形成了背离形态。根据方向的不同，背离可以分为底背离和顶背离两种。

当股价在下跌过程中连创新低，出现一底比一底低的走势的同时，如果 MACD 指标的 DIFF 线没有创新低，反而出现了一底比一底高的走势，两者就形成了底背离形态。这样的形态说明虽然股价还在下跌，但是其下跌的速度已经越来越慢，这是未来股价将见底反弹的信号。看到这样的形态时，投资者可以积极买入股票。

如图 12－11 所示，2014 年 12 月底至 2015 年 1 月初，茂化实华（000637）股价下跌至低位后，在震荡过程中多次创出新低，但是其 MACD 指标中的 DIFF 线逐渐上涨，两者形成了底背离的走势。这种形态说明股价虽然处于下跌行情中，但是其下跌速度越来越慢，这是看涨买入信号。看到这样的形态时，投资者可以积极买入股票。

图 12－11　茂化实华（000637）的日 K 线图

当股价持续上涨，形成一顶比一顶高的走势时，如果 MACD 指标中的 DIFF 线没有创新高，反而出现一顶比一顶低的走势，两者就构成了顶背离形态。这样的形态说明虽然股价持续上涨，但是其上涨的速度越来越慢，未来股价有见顶下跌的风险。看到这样的形态时，投资者应该尽快卖出股票，回避风险。

如图 12－12 所示，2015 年 4 月至 6 月，当*ST 中富（000659）股价在顶部震荡过程中连续创出新高的同时，其 MACD 指标的 DIFF 线却持续下跌，两者形成顶背离形态。这种形态说明股价虽然上涨，但是上涨速度越来越慢，有见顶下跌的趋势。看到这种形态时，投资者应该尽快卖出股票，回避风险。

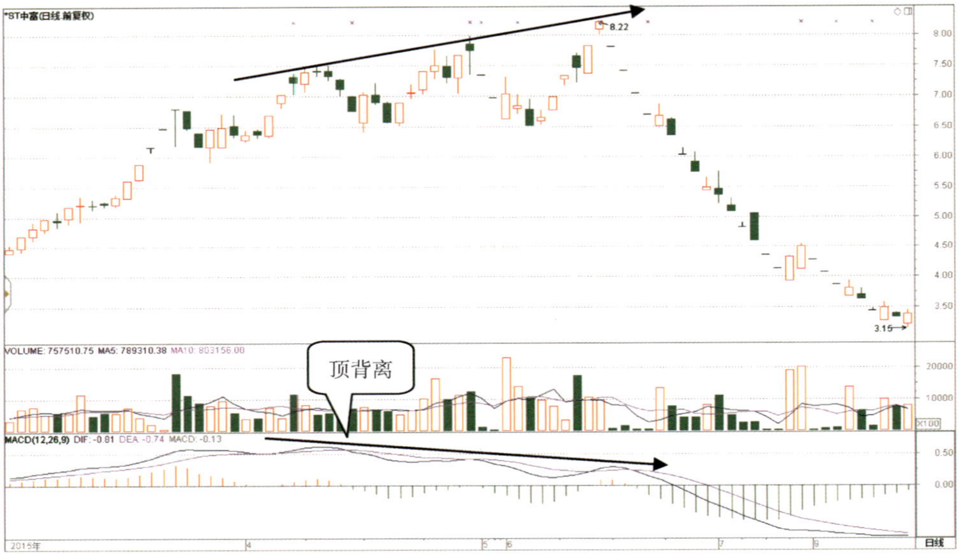

图 12－12 *ST 中富（000659）的日 K 线图

12.2.3 MACD 线底背离和顶背离

MACD 指标中的红绿柱线可以反映推动股价涨跌的内在动能的强弱。如果股价的运行方向与 MACD 指标柱线波动的方向不一致，同样会形成背离，是行情反转的信号。

当股价在持续下跌过程中连创新低的同时，如果其 MACD 指标绿色柱线越来越短，两者就形成了底背离形态。这样的形态说明虽然股价还在下跌过程中，但是其内在的下跌动能已经越来越弱，未来股价有见底反弹的可能。看到这样的形态时，投资者可以积极抄底买入股票。

如图 12－13 所示，2015 年 1 月至 2 月，上峰水泥（000672）股价在底部创出新低的同时，其 MACD 指标的绿色柱线却越来越短，两者形成了底背离形态。这种形态说明股价虽然持续下跌，但是其下跌的动能越来越弱，这是股价会见底反弹的信号。看到这样的信号时，投资者可以考虑抄底买入股票。

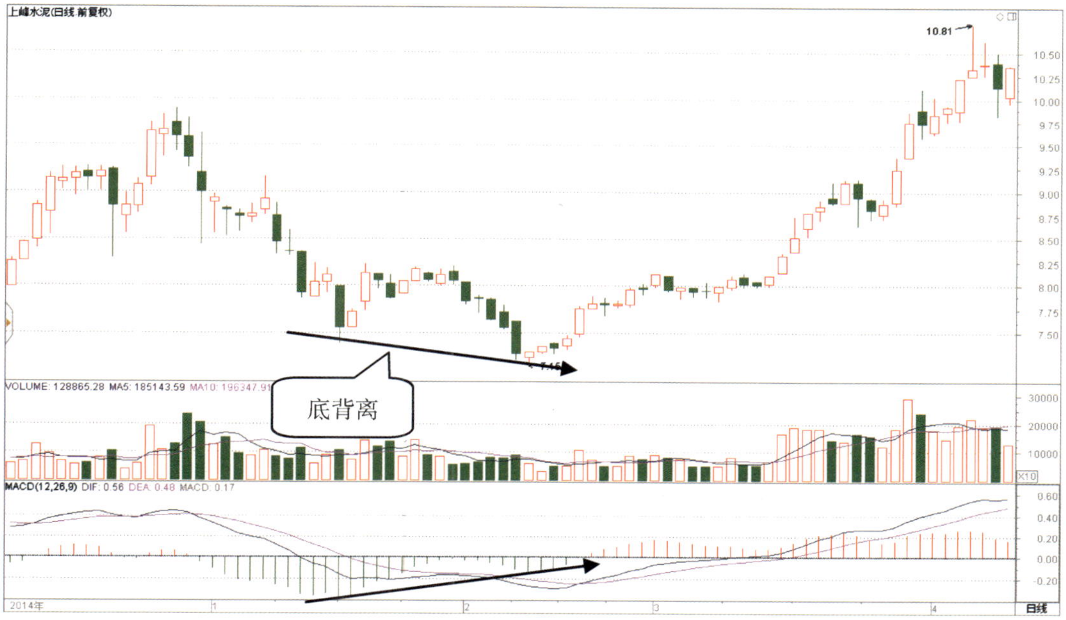

图 12－13　上峰水泥（000672）的日 K 线图

在股价持续上涨创出新高时，如果 MACD 指标的红色柱线越来越短，两者就构成了顶背离形态。这种形态说明虽然股价持续上涨，但是其上涨的内在动能越来越弱，未来股价有见顶下跌的风险。看到这种形态时，投资者应该尽快卖出股票。

图 12－14　当代东方（000673）的日 K 线图

如图 12－14 所示，2015 年 5 月至 6 月，当代东方（000673）股价上涨至高位后创出新高，同时其 MACD 指标红色柱线越来越短，两者形成了顶背离形态。这种形态说明股价上涨的内在动能越来越弱，这是看跌卖出信号，此时投资者应该尽快卖出手中的股票。

12.3 根据 KDJ 指标做预测

KDJ 指标是反映当前市场上人气强弱的指标，该指标有三条曲线，其中波动幅度最大的是 J 线，中间是 K 线，最平缓的是 D 线。

12.3.1 KDJ 指标金叉和死叉

KDJ 指标中的 K 线代表股价短期内的涨跌动能，而 D 线则代表股价长期内的涨跌动能。如果 K 线向上突破 D 线，两者就形成了 KDJ 指标的金叉形态。这种形态说明股价短期内的上涨动能有增强趋势，是看涨买入信号。因为计算方法的关系，K 线和 D 线金叉的同时，J 线也必然会与两条线形成交叉。

如图 12－15 所示，2015 年 7 月 9 日，当特力 A（000025）股价下跌至底部后见底反弹时，其 K 线和 D 线在低位形成了金叉形态，该形态说明股价在短期内的上涨动能逐渐增强，是看涨买入信号。当金叉形态完成后，投资者可以积极买入股票。

图 12－15 特力 A（000025）的日 K 线图

当 KDJ 指标中的 K 线自上向下跌破 D 线时，两者就形成了死叉形态。这种形态说明市场上的多方力量越来越弱，空方力量逐渐增强，是看跌卖出信号。

如图 12－16 所示，2015 年 5 月 29 日，中矿资源（002738）在股价见顶回落的过程中，其 KDJ 指标形成死叉形态，该形态说明股价有见顶下跌的迹象。看到这种形态时，投资者应该尽快将手中的股票卖出，回避风险。

图 12－16　中矿资源（002738）的日 K 线图

12.3.2　KDJ 指标底背离和顶背离

KDJ 指标反映股价的运行趋势。当股价走势与 KDJ 指标的走势相反时，两者就形成了背离形态，这是趋势即将反转的信号。根据背离位置的不同，KDJ 指标的背离形态可以分为底背离和顶背离两种。

当股价在持续下跌过程中创出新低时，如果 KDJ 指标中的指标线 K 持续上涨，两者就形成了底背离形态。这样的形态说明股价虽然下跌，但是下跌的趋势越来越弱，未来有见底反弹的趋势。看到这种形态时，投资者可以寻找机会买入股票。

如图 12－17 所示，2014 年 10 月至 12 月，当大橡塑（600346）股价在连续下跌的过程中不断创出新低时，其 KDJ 指标中的 K 线却持续上涨，两者形成了底背离形态。这种形态说明股价下跌的趋势减缓，有见底反弹的趋势，此时投资者可以寻找机会抄底买入股票。

当股价在持续上涨的过程中创出新高时，如果 KDJ 指标中的指标线 K 持续下

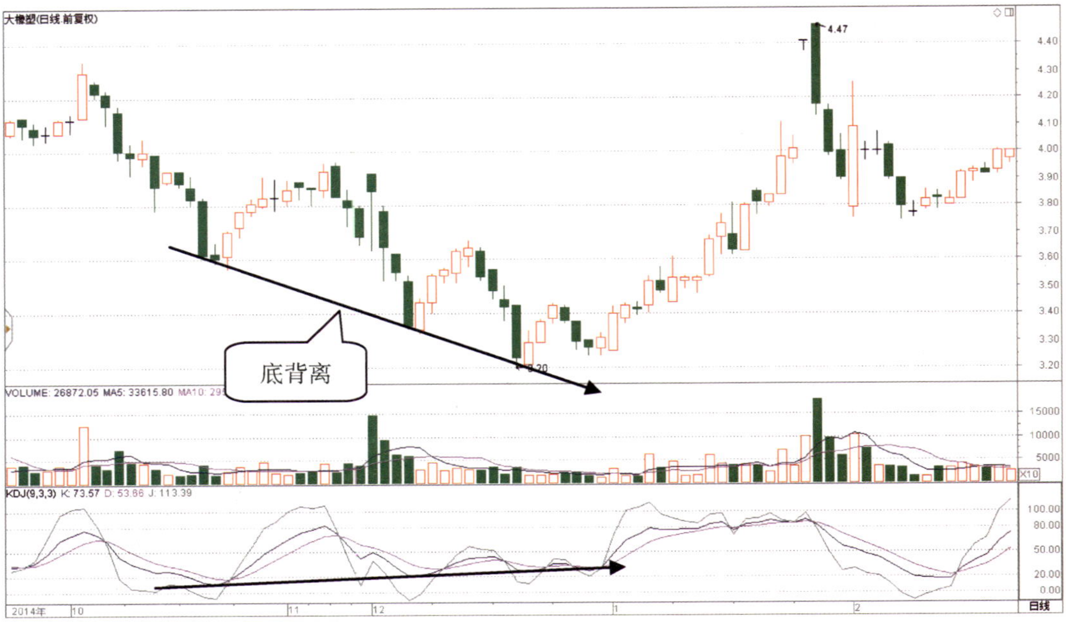

图 12－17　大橡塑（600346）的日 K 线图

跌，两者就形成了顶背离形态。这种形态说明股价虽然上涨，但是上涨的趋势越来越弱，未来有见顶下跌的风险。看到这种形态时，投资者应该尽快卖出手中的股票。

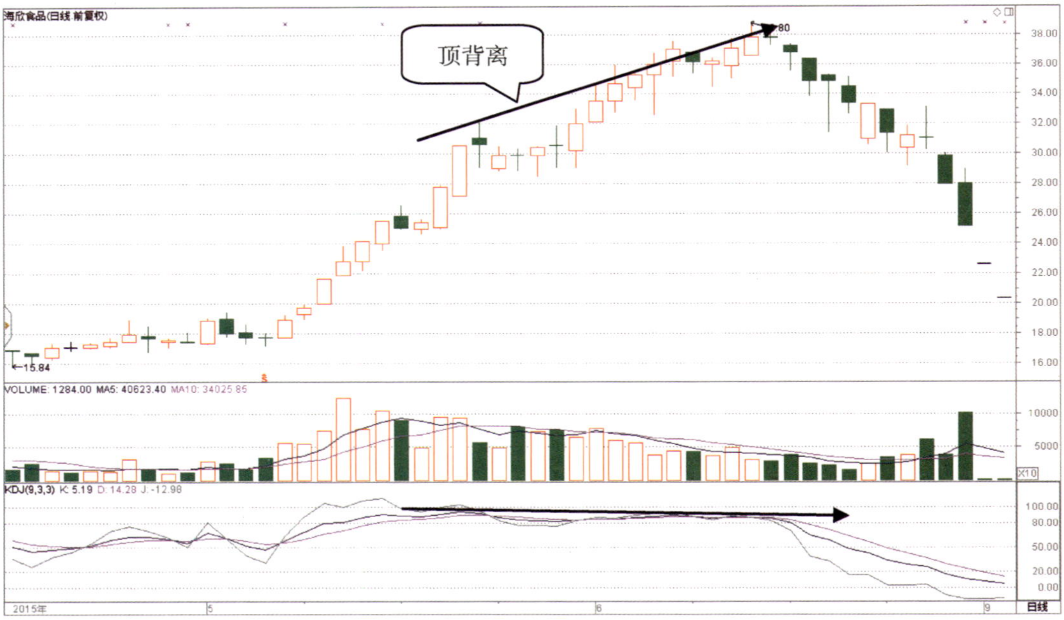

图 12－18　海欣食品（002702）的日 K 线图

如图 12－18 所示，2015 年 5 月底至 6 月，海欣食品（002702）股价在高位持续上涨的过程中，其 KDJ 指标中的 K 线却连续下跌，两者形成了顶背离形态。这种形态说明股价上涨的速度越来越慢，有见顶下跌的趋势。看到这样的形态时，投资者应该注意逢高卖出股票。

12.3.3　KDJ 指标超卖和超买

当 KDJ 指标中的 J 线持续下跌，跌破 0 时，说明市场进入了超卖状态。这样的行情说明市场经过持续的下跌行情后，卖方的力量已经极度强势，超过了正常的水平。这种超过正常水平的强势很难持续下去，因此未来股价继续下跌的空间也已经十分有限。超卖形态出现后，随着空方力量的萎缩，多方力量增强，股价将见底反弹。

当 J 线下跌到 0 以下时，卖方仍十分强势，投资者可以注意买入股票的机会，但是不要急于买入。随后，一旦 J 线自 0 以下回升，突破 0，就说明强势的卖方开始变弱，形成买入股票的时机。

如图 12－19 所示，2015 年 7 月 1 日，中航黑豹（600760）KDJ 指标中的 J 线跌破 0。这说明市场上的空方力量集中释放，短期内股价将有见底反弹的可能，此时投资者可以注意买入股票的机会。

7 月 10 日，J 线突破 0。这说明股价已经结束强势的下跌，有见底反弹的迹象，此时投资者可以积极买入股票。

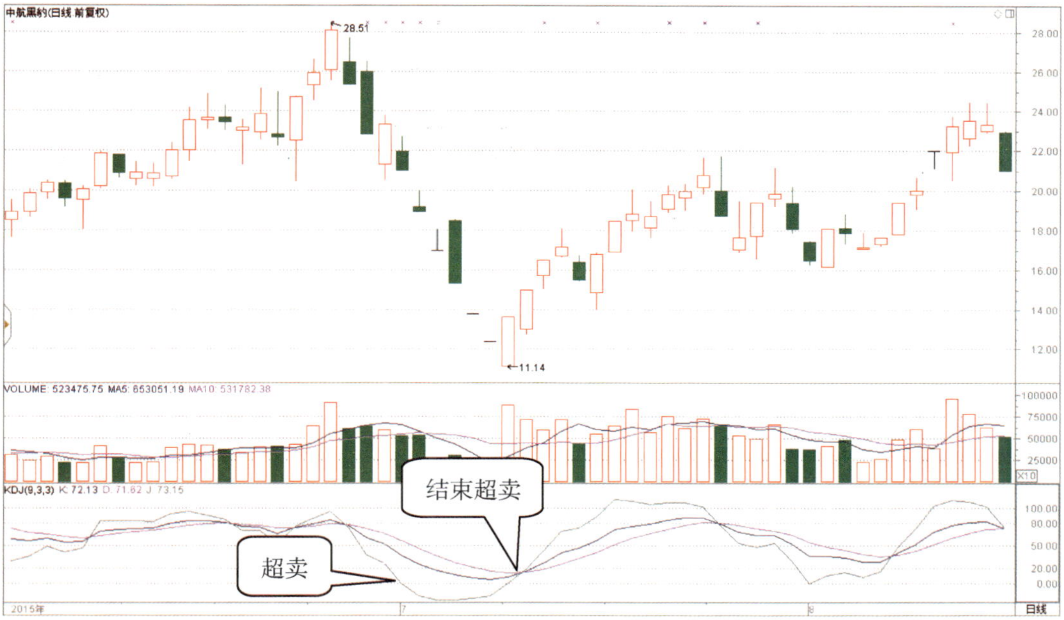

图 12－19　中航黑豹（600760）的日 K 线图

当 KDJ 指标中的 J 线突破 100 时，说明市场进入了超买状态。这样的行情说明股价在短期内快速上涨，市场上的买方力量已经强势到极致。一旦买方力量盛极而衰，空方力量复苏，股价即将见顶下跌。

当 J 线突破 100 时，股票还处于强势上涨的过程中，此时投资者可以继续持有股票，不过应该注意股价见顶下跌的风险。一旦 J 线从 100 上方下跌，跌破 100，就说明市场上的多方力量已经衰退，空方力量开始增强，股价已经有了下跌的迹象，此时投资者应该尽快卖出手中的股票。

如图 12－20 所示，2015 年 5 月 21 日，同力水泥（000885）股价经过连续涨停向上冲高后，其 KDJ 指标中的 J 线突破 100，进入超买状态。这说明此时的上涨行情十分强势，但是有见顶下跌的风险，此时投资者应该注意股价见顶下跌的风险。

5 月 28 日，J 线自高位下跌，跌破了 100，说明股价已经有了下跌的迹象，下跌行情即将开始，此时投资者应该尽快卖出手中的股票。

图 12－20　同力水泥（000885）的日 K 线图

12.4　根据筹码分布指标做预测

筹码分布指标由一组横向的柱线组成，统计在每个价位上的投资者的持股数量。某个价位区间的柱线越长，说明历史上在该价位有越多的投资者进行股票买卖交易，当前市场上以该价位为成本持有股票的投资者也就越多。

12.4.1　筹码密集区的支撑和阻力

在筹码分布指标中，如果某个价位区间内的筹码分布柱线十分密集，并且长度明显长于其他价位上的柱线，就说明在这个区间内历史上有大量投资者买卖股票。这样的区间被称为密集成交区。

密集成交区反映市场上大多数投资者公认的股票正常交易价格，其作用与均线类似。当股价从密集成交区上方持续下跌，下跌到密集成交区附近时，会有大量投资者认可此价格，在这个价位买入股票，对股价下跌形成支撑的力量。

因此，当股价在密集成交区获得支撑时，是未来股价会持续上涨的信号。此时投资者可以积极买入股票。

如图 12－21 所示，2015 年 4 月至 5 月，在祥龙电业（600769）股价横盘整理过程中，大量投资者在这个价位内交易股票，形成了一个密集成交区。随后，该股冲高回落，再次在这个密集成交区附近获得支撑。这种形态说明该股未来会持续上涨。当确认股价获得支撑开始反弹时，投资者可以积极买入股票。

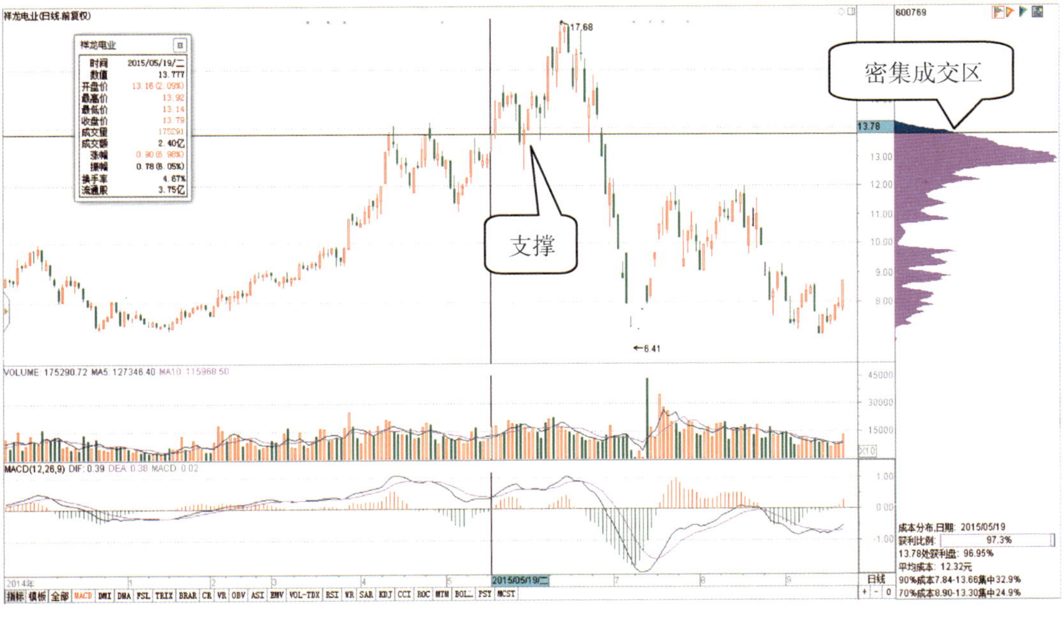

图 12－21　祥龙电业（600769）的日 K 线图

当股价在密集成交区下方运行时，因为上方的密集成交区中有大量投资者进行了交易，所以上方有大量投资者被套牢。当股价上涨到该价位区间时，这些套牢盘获得解套后就会被抛出，对股价上涨形成较大的压力。

因此，一旦股价在密集成交区附近遇阻下跌，就证明了该位置的阻力作用。这是未来股价将会持续下跌的信号。看到这种信号时，投资者应该尽快将手中的股票卖出。

如图 12－22 所示，2015 年 6 月初，光线传媒（300251）经过高位横盘整理行情后，筹码分布指标在高位形成了一个密集成交区。随后，该股止跌反弹。当反弹至这个密集成交区时，遇到了巨大的抛盘压力。这种形态说明上方的套牢盘压力继续存在，是未来股价将会持续下跌的信号。看到这种形态时，投资者应该尽快抛出手中的股票。

图 12－22　光线传媒（300251）的日 K 线图

12.4.2　筹码由集中到发散

当股价经过底部持续横盘整理后开始上涨时，筹码会因为之前的持续横盘行情而在底部形成聚集的形态。此时筹码在底部聚集的程度越高，说明在低价位区域股票进行了越充分的换手，整个市场上的筹码非常稳定，这样的筹码稳固形态是未来股价能够持续上涨的保证。

如图 12－23 所示，2014 年 12 月 25 日，威创股份（002309）股价经过长时间的底部整理行情后，其筹码分布指标在低位高度聚集起来。这种形态说明市场已经在低位价格区间内进行了充分的换手，整个市场的筹码非常稳固，这是随后股价能够持续上涨的保证。

当股价进入上涨行情后，随着投资者不断在高位买卖股票，原本在低位买入股票的投资者抛出持股，股票的筹码分布指标会逐渐向上发散开。一旦筹码不再保持低位聚集的形态，就说明在高位已经有大量投资者抛出持股，此时该股的筹码状态

图 12－23　威创股份（002309）的日 K 线图 1

就不再稳固，有见顶下跌的风险。看到这种形态时，投资者应该注意风险。

如图 12－24 所示，2015 年 3 月 20 日，威创股份股价上涨至高位后，其筹码分布指标已经分散开来，不再保持低位聚集的形态。这种形态说明股价已经没有了持续上涨的保证，未来有见顶回落的风险，此时投资者应该开始注意回避风险。

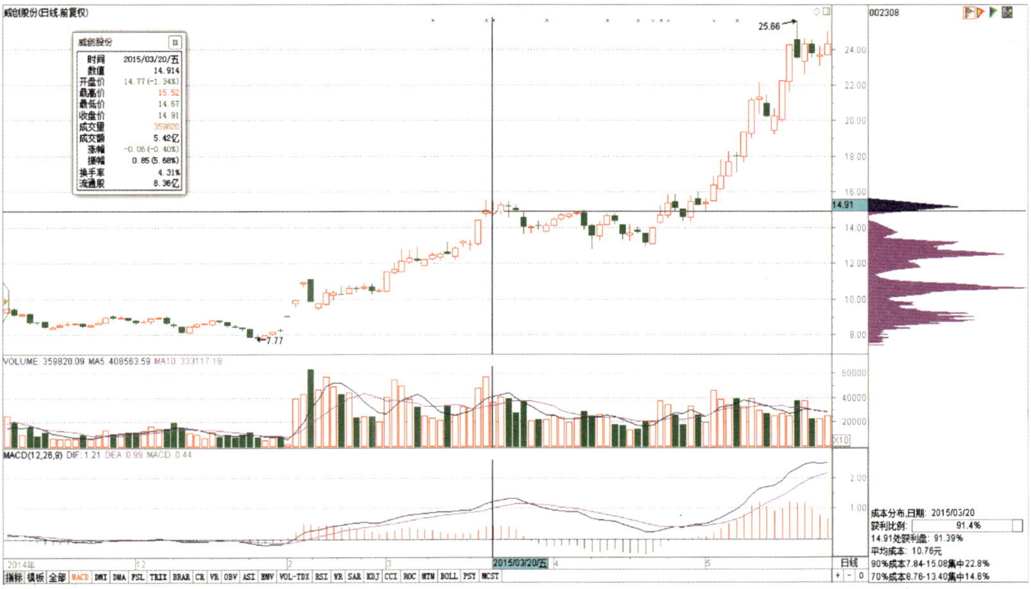

图 12－24　威创股份（002309）的日 K 线图 2

12.4.3 筹码由发散到集中

当筹码形成分散的状态后，已经没有了持续上涨的保证。如果此时股价开始在一个价位区间内持续横盘整理，大量投资者在这个区间内交易股票，原本分散的筹码就能够重新聚集起来，等筹码重新聚集后，股价也就有了继续上涨的潜力。

如图 12－25 所示，2015 年 4 月 21 日，威创股份经过一个月的横盘整理行情后，其筹码分布指标再次在高位聚集起来，这种形态保证了该股未来能够继续上涨。随后，当股价突破横盘整理区间继续向上时，投资者可以积极买入股票。

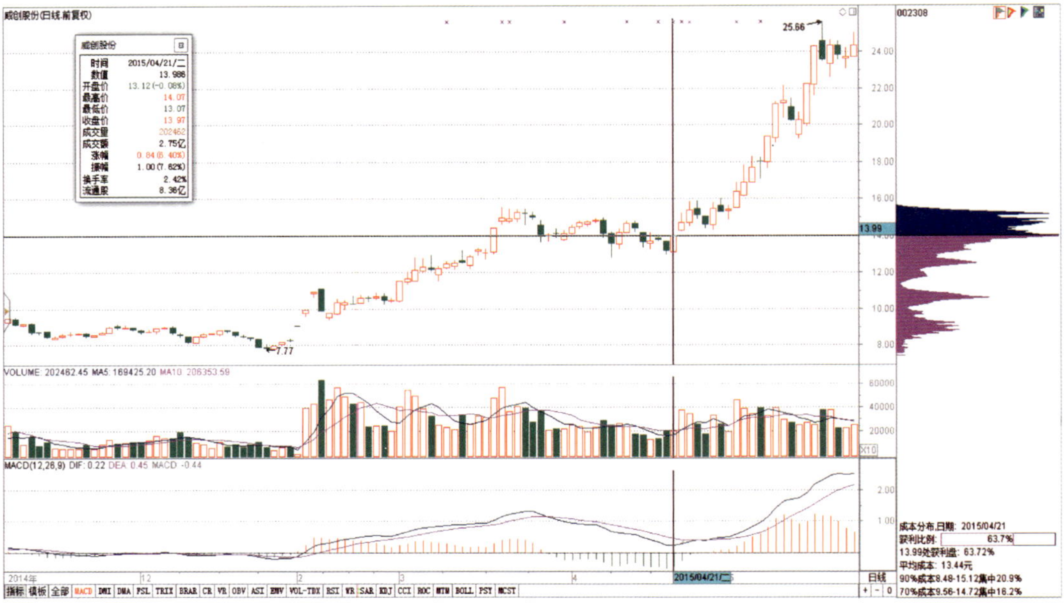

图 12－25　威创股份（002309）的日 K 线图 3

第 13 章　根据分时形态做预测

分时图是投资者每个交易日看盘时应该关注的重点。通过分时图的走势，投资者就可以了解股价在一个交易日内的变化趋势，判断其短期内行情的发展方向。

13.1　分时线的形态

当分时线形成一些特殊的形态时，根据这些形态，投资者就可以对未来行情走向做出判断。

13.1.1 分时线的整理形态

当分时线形成矩形、三角形、旗形等整理形态时，说明市场进入了多空双方逐渐僵持的行情中。

随后，如果股价能够向上突破这些形态的上边线，就说明多方在僵持中胜出，开始将股价向上拉升。这样的形态是股价会继续上涨的信号。因此，当股价突破横盘整理区间的上边线时，就是投资者买入股票的时机。

如图 13－1 所示，2015 年 8 月 10 日上午，在科融环境（300152）股价上涨至高位后横盘整理的过程中，形成了三角形整理形态，这是多空僵持的信号。下午开盘后，当股价突破三角形上边线时，说明多方在僵持中胜出，未来股价将在多方的拉升下持续上涨，此时投资者可以积极买入股票。

图 13－1 科融环境（300152）的分时走势图（2015 年 8 月 10 日）

相反，如果股价经过横盘整理后跌破了横盘整理区间的下边线，就说明空方在僵持中胜出，开始将股价向下打压。这样的形态是股价将会继续下跌的信号，因此，当股价跌破横盘整理区间的下边线时，投资者应该尽快卖出手中的股票。

如图 13－2 所示，2015 年 6 月 25 日上午，当绿盟科技（300369）股价下跌至低位后反弹时，形成了旗形形态，这是多空力量僵持的信号。下午开盘后，当股价跌破旗形下边线时，说明空方在僵持中胜出，未来股价将在空方的打压下持续下跌。看到这样的形态时，投资者应该尽快卖出手中的股票。

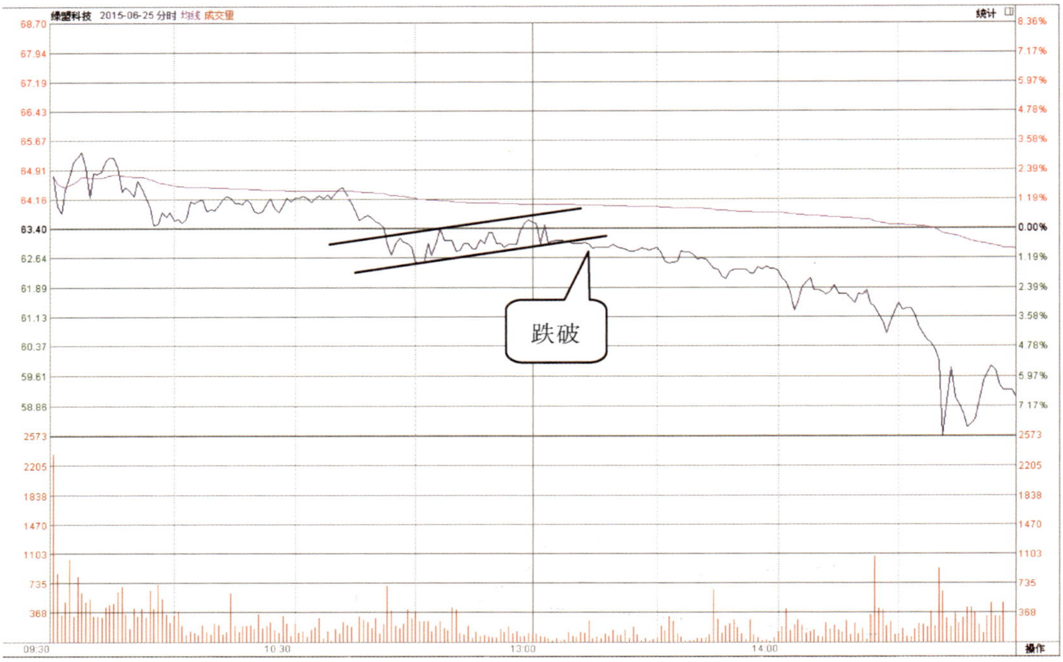

图 13－2　绿盟科技（300369）的分时走势图（2015 年 6 月 25 日）

13.1.2　分时线的反转形态

当分时线下跌至低位，形成 W 底、三重底、头肩底等底部形态时，说明经过一段时间的下跌后股价获得了强力支撑，未来有见底上涨的趋势。一旦股价能够突破这些底部形态的颈线，就是多方开始将股价向上拉升的信号，此时投资者可以积极买入股票。

如图 13－3 所示，2015 年 6 月 30 日，宁夏建材（600449）股价下跌至低位后连续两次在几乎同一个位置获得支撑，形成了 W 底形态。这样的形态说明股价有见底反弹的趋势。当股价向上突破双重底形态的颈线时，标志着上涨行情即将开始，此时投资者可以积极买入股票。

当分时线上涨至高位，形成 M 顶、三重顶、头肩顶等顶部形态时，说明经过一段时间的上涨后，股价遭遇到了强力打压，未来有见顶下跌的趋势。一旦股价跌破顶部形态的颈线，就是对下跌趋势的验证，此时投资者应该尽快将手中的股票卖出。

如图 13－4 所示，2015 年 5 月 29 日下午开盘后，博世科（300422）股价冲高后连续在高位遇到阻力，形成了三重顶形态。这样的形态说明股价上涨遇到了较强

图 13－3　宁夏建材（600449）的分时走势图（2015 年 6 月 30 日）

的阻力。最后，当股价跌破三重顶的颈线时，说明下跌行情开始，此时投资者应该尽快卖出手中的股票。

图 13－4　博世科（300422）的分时走势图（2015 年 5 月 29 日）

13.1.3 分时均线对分时线的支撑和阻力作用

在分时走势图中，除了反映股价盘中走势的分时线外，还有一条重要的曲线是分时均线。分时均线反映的是股票自开盘至当前时刻所有交易的平均成交价格。

使用分时均线时，投资者可以参照之前技术指标部分均线的使用方法。在股价涨跌过程中，分时均线会对股价起到较强的支撑和阻力作用。

如果一个交易日内股价多次在分时均线位置获得支撑，就证明了当日分时均线的支撑作用。在随后的行情中，一旦股价再次下跌到分时均线位置获得支撑时，就说明未来股价还会获得支撑继续上涨，此时投资者可以逢低买入股票。

如图 13－5 所示，2015 年 6 月 1 日，新能泰山（000720）股价在上涨过程中多次回落至分时均线位置时都获得支撑继续上涨。前几次股价回落获得支撑时，已经可以证明分时均线的支撑作用。随后，当股价再次回落获得支撑时，投资者就可以积极买入股票。

图 13－5 新能泰山（000720）的分时走势图（2015 年 6 月 1 日）

如果在一个交易日内股价多次上涨到分时均线位置时遇到阻力，就说明分时均线是当日股价上涨重要的阻力线。在随后的行情中，如果股价再次上涨到分时均线位置时遇到阻力，就说明下跌趋势还在继续，此时是投资者逢高卖出股票的时机。

如图 13－6 所示，2015 年 6 月 25 日，双象股份（002395）股价在持续下跌的过程中，多次遇到了分时均线的阻力。当前几次股价上涨至分时均线位置遇阻回落时，已经验证了分时均线的阻力作用。在随后的行情中，当股价再次上涨至分时均线位置遇阻回落时，投资者就应该尽快卖出手中的股票。

图 13－6 双象股份（002395）的分时走势图（2015 年 6 月 25 日）

13.1.4 分时线突破和跌破分时均线

如果股价能够突破前期对其有阻力作用的分时均线，就说明多方力量开始强势将股价向上拉升，未来股价有望进入持续的上涨行情。

如图 13－7 所示，2015 年 3 月 27 日，鼎立股份（600614）股价开盘后持续回落。在回落过程中股价多次反弹至分时均线位置时遇到阻力下跌，证明了分时均线是股价下跌重要的阻力线。上午收盘前，股价突破了分时均线，说明股价开始被多方力量强势向上拉升，此时投资者可以积极买入股票。

如果股价跌破了前期对其有阻力作用的分时均线，就说明空方力量开始强势将股价向下打压，未来股价将进入持续的下跌行情中。

如图 13－8 所示，2015 年 7 月 1 日，宜昌交运（002627）股价在上午缓慢上涨的过程中，多次回落至分时均线位置时都获得支撑继续向上，验证了分时均线对股价的支撑作用。上午收盘前，当股价跌破分时均线时，说明空方力量开始将股价强势向下打压。看到这样的形态时，投资者应该尽快卖出手中的股票，回避风险。

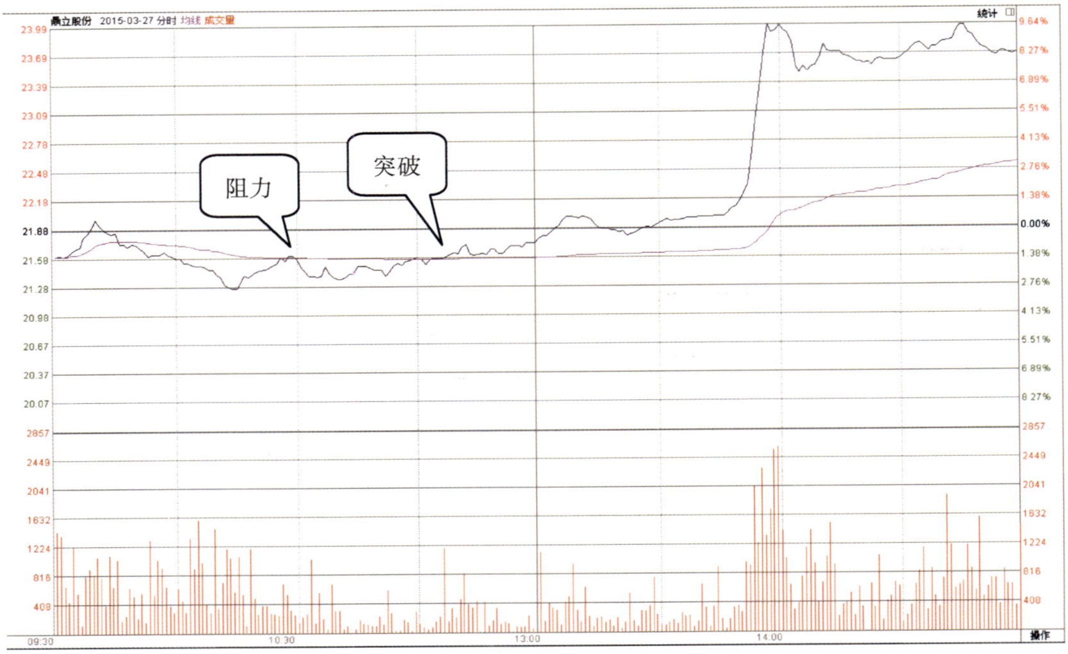

图 13－7　鼎立股份（600614）的分时走势图（2015 年 3 月 27 日）

图 13－8　宜昌交运（002627）的分时走势图（2015 年 7 月 1 日）

13.2　分时图的量价配合形态

通过分时图中成交量与股价走势配合的形态，投资者就可以了解推动当前市场涨跌的能量强弱，从而对未来行情做出更加准确的判断。

13.2.1　放量上涨

如果股价在盘中持续上涨的同时成交量也持续放大，说明上涨行情得到了市场上投资者的普遍认可，越来越多的投资者追高买入股票。而这些投资者的买入又会推动股价继续上涨，此时该股进入了良性的上涨周期，这是未来股价会持续上涨的信号。在这个过程中，投资者可以积极追高买入股票。

如图13－9所示，2015年5月11日，新研股份（300159）股价在盘中持续放量上涨。这样的形态说明随着股价的上涨，越来越多的投资者买入股票，该股进入了良性的上涨周期，这是未来股价将持续上涨的信号。在这样的上涨趋势中，投资者可以积极买入股票。

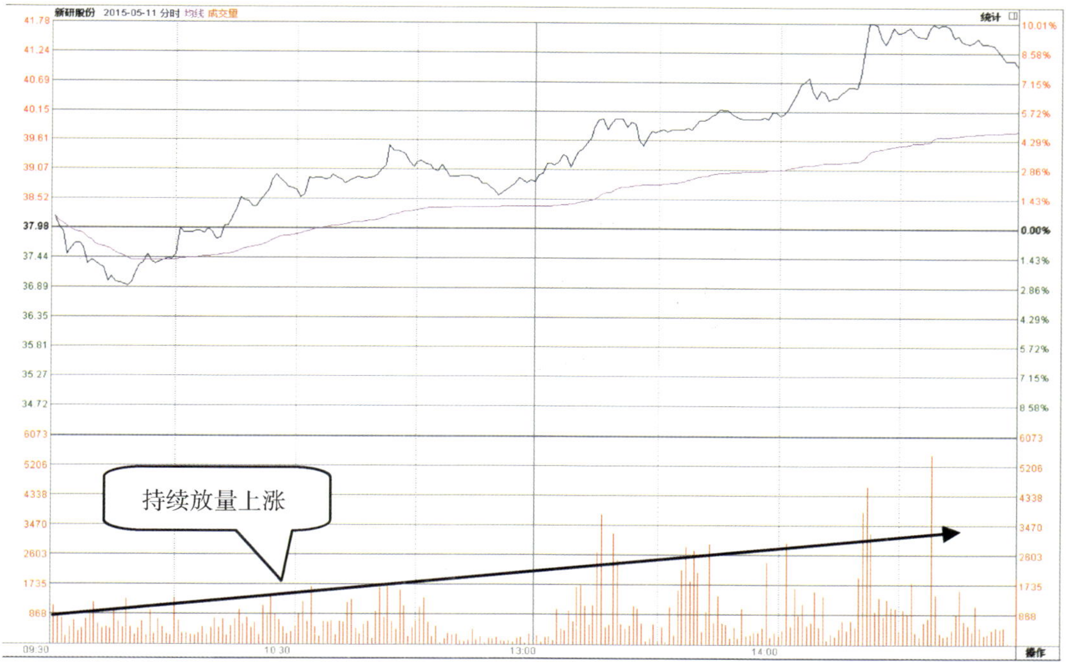

图13－9　新研股份（300159）的分时走势图（2015年5月11日）

13.2.2　缩量上涨

如果股价在盘中持续上涨的同时成交量持续萎缩，说明虽然股价上涨，但追高买入股票的投资者越来越少，投资者普遍不看好后市，股价上涨动能不足，有见顶下跌的风险。经过持续的缩量上涨后，一旦股价开始下跌，就说明多方力量已经耗尽，股价开始被空方持续向下打压。看到这样的形态时，投资者应该卖出股票回避风险。

如图 13－10 所示，2015 年 8 月 17 日，九阳股份（002242）股价上涨至高位后，其成交量持续萎缩。这样的形态说明投资者对该股后市普遍持谨慎态度，追高买入的投资者越来越少，股价有见顶下跌的风险。

下午开盘后，该股开始被持续向下打压，这说明下跌行情已经开始，此时投资者应该尽快卖出手中的股票。

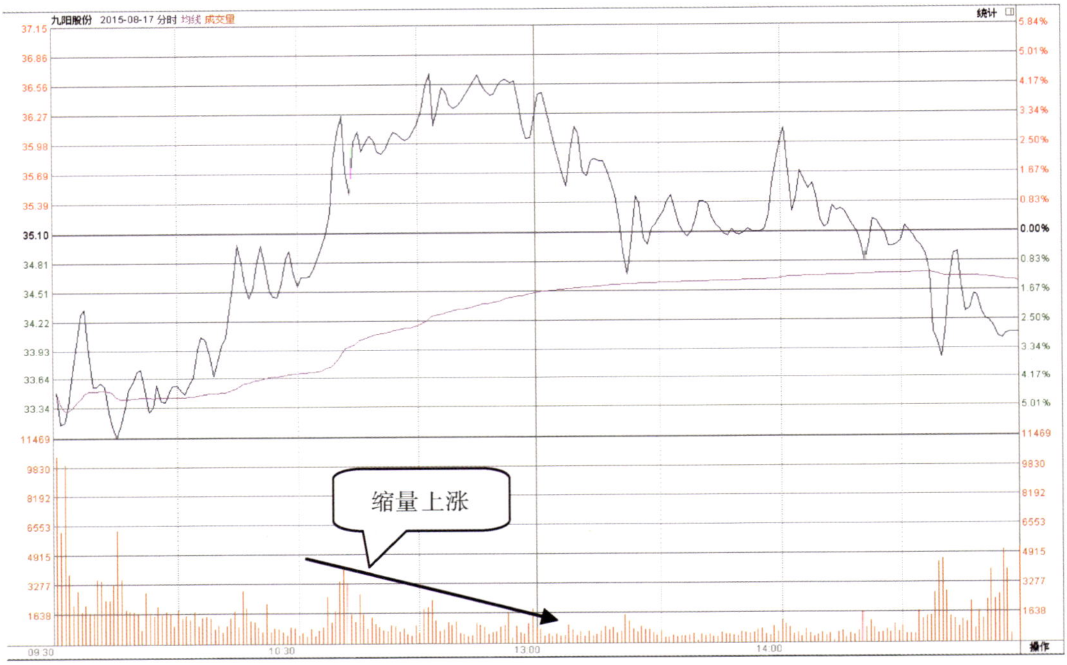

图 13－10　九阳股份（002242）的分时走势图（2015 年 8 月 17 日）

13.2.3　放量下跌

如果股价持续下跌的同时成交量也持续放大，说明股价下跌引起了投资者的普遍恐慌，大量投资者因为看空后市而卖出股票，而他们的卖出又导致股价继续下跌，造成更大的恐慌，引发了更大的抛盘，此时该股已经进入了恶性的下跌周期，短期内这种持续下跌的趋势难以改变。看到这样的形形态时，投资者应该尽快将手中的股票卖出。

如图 13－11 所示，2015 年 6 月 25 日，深圳华强（000062）股价上午开盘小幅冲高后开始持续下跌，并且在下跌过程中，其成交量也持续放大。这样的形态说明随着股价的下跌，越来越多的投资者因为恐慌而卖出股票，该股进入了恶性的下跌周期。这样的形态一旦确认，未来股价将会持续下跌比较长的时间，此时投资者应该尽快将手中的股票卖出，回避风险。

图 13－11　深圳华强（000062）的分时走势图（2015 年 6 月 25 日）

13.2.4　缩量下跌

如果股价在持续下跌的同时成交量也持续萎缩，说明投资者普遍对后市抱有乐观的态度。随着股价的下跌，愿意低价抛出股票的投资者越来越少，股价下跌动能正在减弱，未来有见底反弹的趋势。当出现缩量下跌的形态时，投资者可以重点关注股价的后市走向，一旦股价见底反弹，就可以积极买入。

如图 13－12 所示，2015 年 7 月 21 日，清水源（300437）股价冲高后回落。在回落的过程中，其成交量也持续萎缩。这样的形态说明这次回落行情并没有得到太多投资者的认可，没有太多投资者愿意抛出股票。经过这样的缩量调整后，未来该股将会继续上涨行情。看到这种形态时，投资者可以在回落的过程中寻找机会买入股票。

当日下午，股价冲高至高位后再次形成了类似的缩量下跌走势，这同样是看涨买入信号。在这次回落中，投资者同样可以寻找机会买入股票。

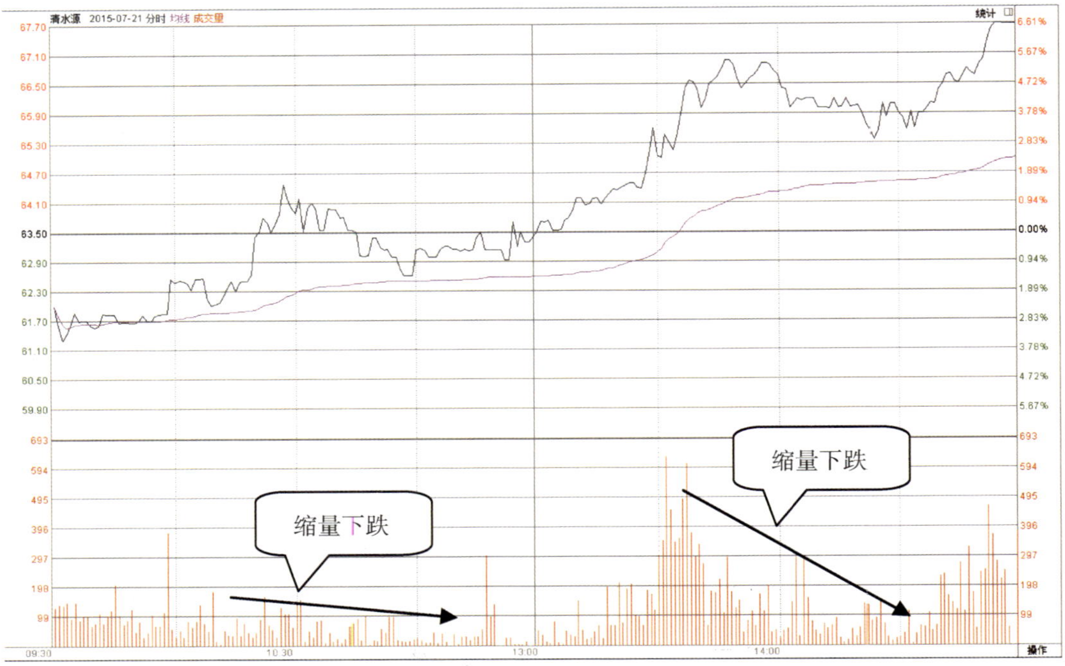

图 13－12　清水源（300437）的分时走势图（2015 年 7 月 21 日）

13.3　分时图中的 MACD 指标

在分时图中，投资者同样可以使用 MACD 指标来对股价走势进行量化考核，判断其未来行情走向。但是，因为分时图中 MACD 指标的两条曲线波动比较频繁，会反复形成交叉，因此金叉和死叉形态无法作为有效的涨跌信号。在分时图中常用的 MACD 指标信号包括底背离和顶背离两种。

13.3.1　MACD 指标底背离

当股价持续下跌，创出新低时，如果 MACD 指标中的 DIFF 线持续上涨，或者绿色柱线逐渐变短，两者就形成了底背离形态。这样的形态说明虽然股价持续下跌，但是下跌的速度正在减慢，并且打压下跌的内在能量越来越弱，是未来股价将会见底反弹的信号。看到这样的信号时，投资者可以在下跌的底部寻找机会买入股票。

如图 13－13 所示，2015 年 7 月 29 日，北部湾旅（603869）股价持续下跌，连续创出新低，同时其 MACD 指标中的 DIFF 指标线却形成了一底比一底高的走势，两者形成了底部背离形态。这种形态说明股价虽然处于下跌行情中，但是其下跌速度越来越慢。这是看涨买入信号。下午，当股价见底反弹时，投资者可以积极买入股票。

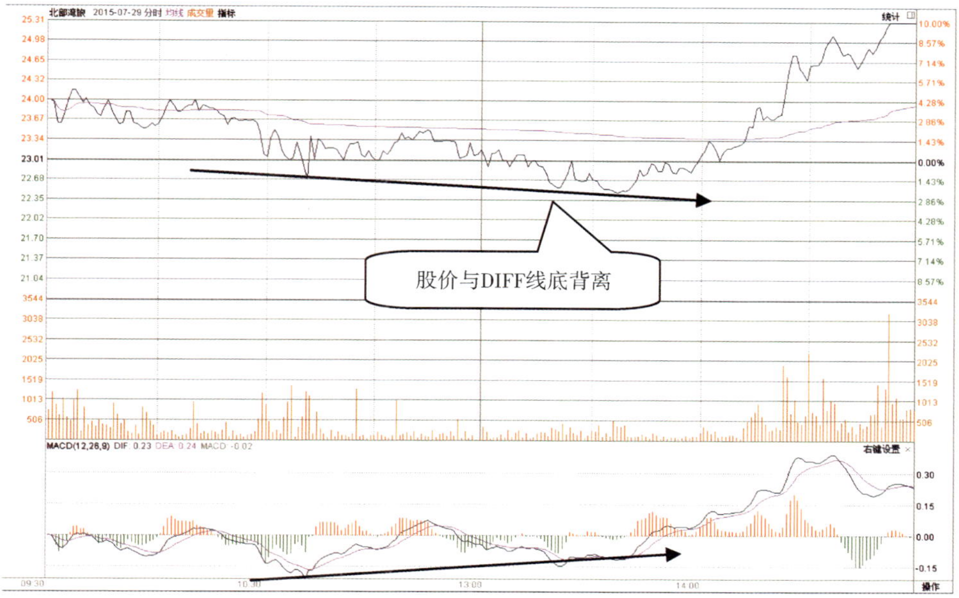

图 13－13　北部湾旅（603869）的分时走势图（2015 年 7 月 29 日）

如图 13－14 所示，2015 年 7 月 7 日，华能国际（600011）股价在持续下跌的过程中不断创出新低的同时，其 MACD 指标中的绿色柱线却越来越短，两者形成了底背离形态。这种形态说明虽然股价持续下跌，但是打压股价下跌的动能越来越弱。这是股价会见底反弹的信号，看到这样的信号时，投资者可以考虑抄底买入股票。

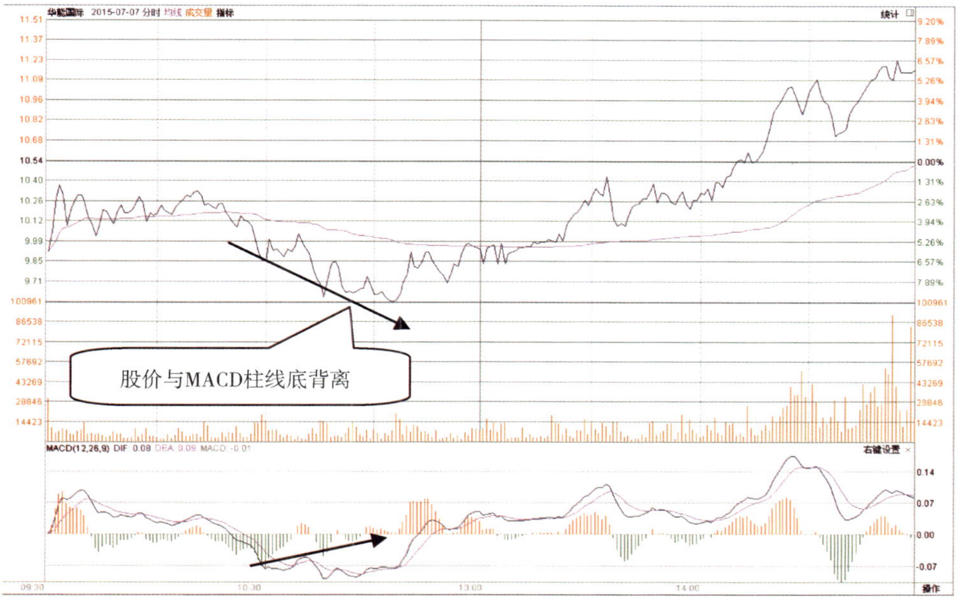

图 13－14　华能国际（600011）的分时走势图（2015 年 7 月 7 日）

13.3.2 MACD 指标顶背离

当股价持续上涨创出新高时，如果 MACD 指标中的 DIFF 线持续下跌，或者红色柱线逐渐变长，两者就形成了顶背离形态。这样的形态说明虽然股价持续上涨，但上涨的速度越来越慢，并且拉升股价上涨的内在能量越来越弱。这是未来股价将会见顶下跌的信号。看到这样的信号时，投资者应该在上涨后的高位逢高卖出股票。

如图 13－15 所示，2015 年 7 月 27 日，汉王科技（002362）股份在开盘后持续上涨的同时，其 MACD 指标中的 DIFF 线却没能持续上涨，而是出现了一顶比一顶低的走势，两者形成了顶背离形态。这样的形态说明虽然股价持续上涨，但是其上涨的速度越来越慢，短期内有见顶下跌的风险。看到这样的形态时，投资者应该注意股价见顶下跌的风险。

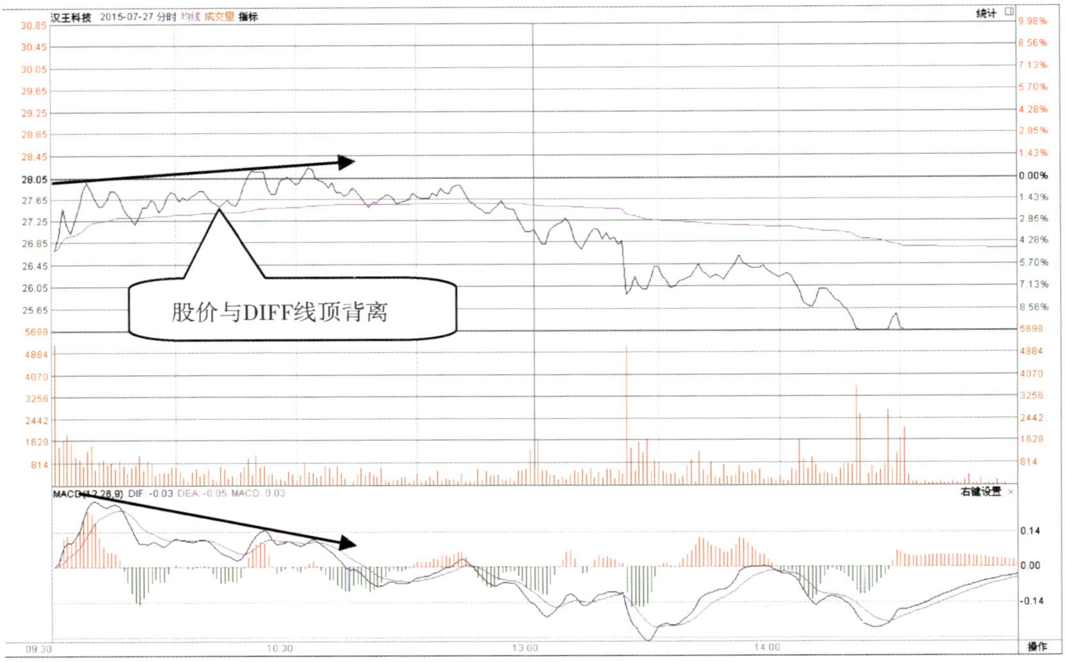

图 13－15 汉王科技（002362）的分时走势图（2015 年 7 月 27 日）

如图 13－16 所示，2015 年 6 月 25 日，华能国际（600011）股价在持续上涨的过程中不断创出新高的同时，其 MACD 指标中的红色柱线却越来越短，两者形成顶背离形态。这样的形态说明虽然股价持续上涨，但是股价上涨的动能越来越弱。日 K 线价格上行，对应的 MACD 红柱下行，一上一下，在高位形成顶价 MACD 背离，这是股价将见顶下行的信号。看到这样的信号时，投资者可以考虑高位逃顶。

图 13－16　华能国际（600011）的日 K 线顶价 MACD 背离图（2015 年 6 月 25 日）

13.4　分时盘口的特殊形态

通过分时盘口中的五档买卖委托单和分时成交明细数据，投资者就可以了解分时走势中的细微变化，对市场上的涨跌动向进行更加准确的判断。

13.4.1　上涨过程中大买单跟进

如果在股价持续上涨的过程中，五档买入盘口中不断有巨大买单出现，并且随着股价的上涨，这些大买单也挂在更高的价位上，就说明该股此时的上涨行情十分强势。在股价上涨的过程中，如果有投资者持续不断地买入股票，就会推动该股价格上涨，即使股价在盘中小幅回落，也会获得较强的支撑。

因此，当看到股价在持续上涨的过程中有买入委托单跟进时，就是上涨趋势将会持续的信号。此时投资者可以积极买入股票。

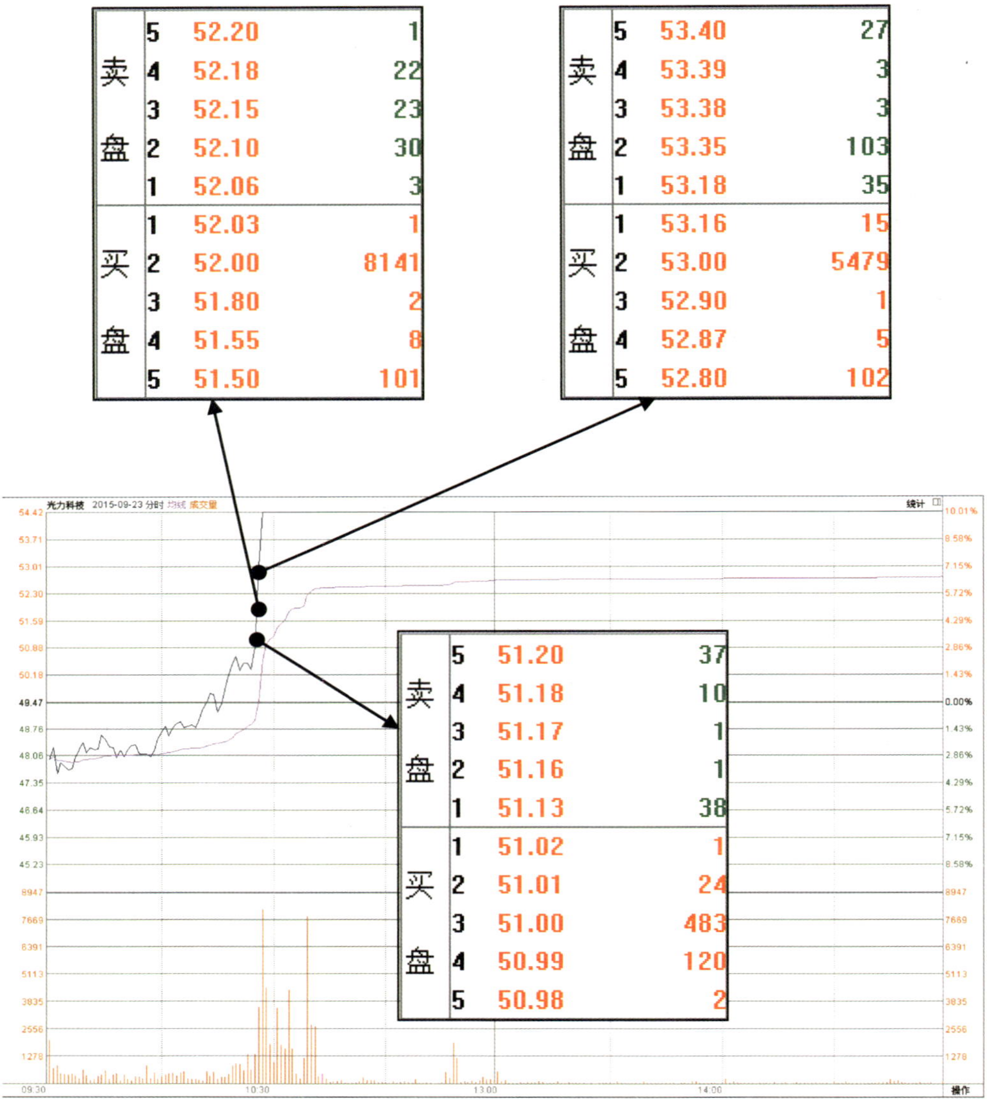

图 13－17　光力科技（300480）的分时走势图（2015 年 9 月 23 日）

如图 13－17 所示，2015 年 9 月 23 日盘中，在光力科技（300480）股价被强势拉升的过程中，不断有大买单挂在 51.00 元、52.00 元、53.00 元几个关键的整数价位上。这些委托单一方面说明了股价在上涨过程中多方力量持续跟进，另一方面也减小了股价见顶回落的风险，增强在上涨过程中追高买入股票的投资者的信心。

在不断有大买单跟进的情况下，该股未来将能够持续上涨。看到这样的股票时，投资者可以在上涨过程中积极追高买入。最终该股强势上涨至了涨停价位。

13.4.2　上方大卖单形成上涨压力

当股价持续上涨一段时间后，如果遇到巨大卖单的压力，无法继续上涨，并且很快就见顶下跌，就说明之前拉升股价的多方力量在巨大的压力面前完全丧失了信心，已经开始看淡后市，纷纷抛出股票。这是未来行情将会持续下跌的信号。看到这样的信号时，投资者应该注意股价见顶下跌的风险。

图 13－18　安纳达（002136）的分时走势图（2015 年 9 月 7 日）

如图 13－18 所示，2015 年 9 月 7 日，安纳达（002136）股价开盘持续上涨至高位后，在卖出盘口的 12.73 元价位上有巨大的卖出委托单存在。这样的卖单会对未来股价的上涨形成较强的阻力。遇到这样的阻力后，市场上的多方力量完全丧失了对未来行情的信心，股价开始迅速下跌。这样的形态是未来行情将会持续下跌的信号。看到这样的形态时，投资者应该注意股价见顶回落的风险。

13.4.3　突破大卖单阻力

盘中的巨大卖单会对股价上涨起到很强的阻力作用。如果股价能够强势上涨，突破巨大卖单的阻力，就说明该股的上涨趋势很强，虽然遇到了较强的压力，但仍然能够调动起投资者的买入信心，突破压力位。一旦上方的压力位被突破，未来该股就能够形成较强的上涨行情。这样的形态是未来股价将会持续上涨的信号，此时投资者可以积极买入股票。

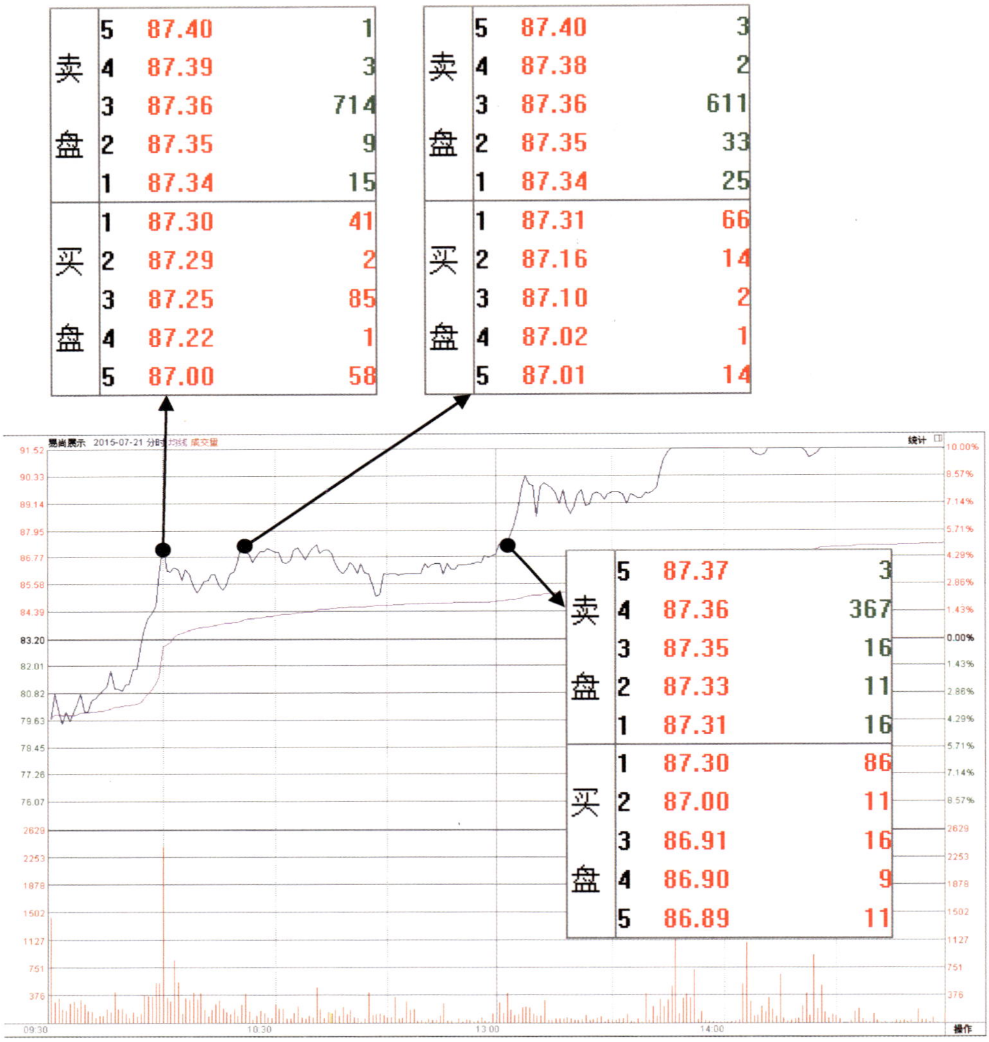

图 13－19　易尚展示（002751）的分时走势图（2015 年 7 月 21 日）

如图 13－19 所示，2015 年 7 月 21 日，易尚展示（002751）开盘冲高至高位后，在 87.36 元价位上有巨大的卖出委托单存在，对股价上涨形成巨大的阻力。

面对这样的阻力位，该股股价并没有见顶下跌，而是开始了持续的横盘整理行情。在整理过程中，上方的抛盘压力越来越小，多方也逐渐积攒力量。下午开盘后，当87.36元位置的抛盘压力减少到367手时，多方已经积累了足够的力量，开始将股价强势向上拉升，突破了这个压力位置。

看到压力位被突破后，投资者可以确认股价被强势向上拉升，此时可以积极买入股票。

13.4.4　连续大买单向上拉升

前边我们已经讲过，当股价持续上涨的同时，如果分时成交量大幅放大，就是股价进入良性上涨循环的信号，标志着未来股价将会持续上涨。

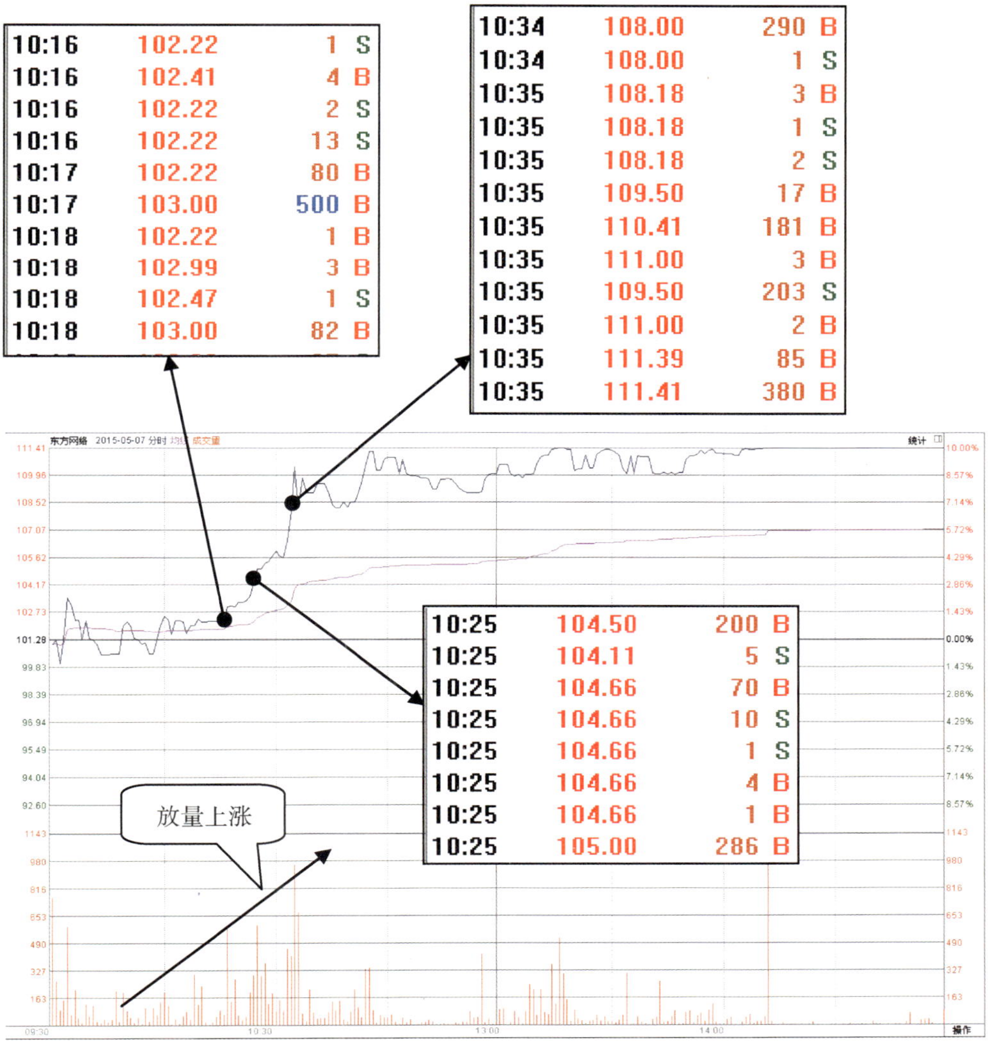

图13－20　东方网络（002175）的分时走势图（2015年5月7日）

在这个过程中，如果分时成交明细中连续出现巨大买单将股价向上拉升，就说明在股价上涨的过程中，不断有投资者持续买入股票，验证了市场上买入股票的多方力量十分强势的信号。在巨大买盘的支撑下，未来股价往往能够持续上涨，形成大幅上涨的行情。

如图 13－20 所示，2015 年 5 月 7 日，东方网络（002175）股价在持续上涨的过程中，其成交量也持续放大。同时，从该股的分时成交明细中可以看到，随着股价的上涨，不断有大买单买入股票。这样的成交明细验证了该股正在持续上涨的信号。在这样的强势上涨行情中，投资者可以积极买入股票。

13.4.5　涨停封单突然成交

当股价涨停后，涨停价位上往往会出现巨大的买入委托单，这些买入委托单被称作涨停封单。通过涨停封单的大小，投资者就可以了解到股价上涨趋势的强弱。如果股票涨停后，在涨停价位上有巨大的买单等待成交，就说明市场上的投资者极度看好该股的后市行情，纷纷想要追高买入。在这种情况下，该股当日往往会被牢牢地封在涨停板上。

如果股价涨停后，一开始有巨大的封单将股价牢牢地封在涨停板上，随后某个时刻，突然出现了大量卖单，将这些涨停封单全部成交，就说明该股遭到了卖方力量的强势打压。在这种情况下，未来股价的涨停板很可能被打开，并且股价会持续下跌。

如图 13－21 所示，2015 年 5 月 28 日，再升科技（603601）股价开盘后长期被封在涨停板上，直至收盘前 15 分钟，涨停价位上的封板仍有超过 5000 手。但是从 14：46开始的两分钟内，集中出现了巨大卖单，将 5000 多手涨停封单全部成交，使股价打开涨停板，这是股价遭遇卖方力量强势打压的信号。

看到这样的信号时，投资者应该尽快卖出股票，回避风险。从随后的走势中可以看出，涨停板被打开后，该股股价开始直线下跌。

13.4.6　遭受打压后无买单支撑

按照分时图的量价配合形态，如果在股价下跌的同时，成交量也同步放大，就说明该股进入了恐慌性的杀跌行情中，未来将会持续下跌。

这样的下跌趋势形成后，如果投资者通过五档买卖盘口看到买入盘数量稀少，同时卖出盘的数量巨大，则验证了投资者陷入恐慌，卖方力量强势的信号。看到这样的信号时，投资者应该更加坚定地看空后市，尽快卖出手中的股票。

如图 13－22 所示，2015 年 7 月 5 日，梅泰诺（300038）股价高开后被持续向下打压，在打压过程中成交量持续放大。从五档买卖盘口中可以看出，卖出价位上不断有较大的卖出委托单出现，买入价位上的买入委托单数量则很少。这样的形态验证了该股已经进入恐慌性杀跌行情的信号。看到这样的盘口形态时，投资者应该

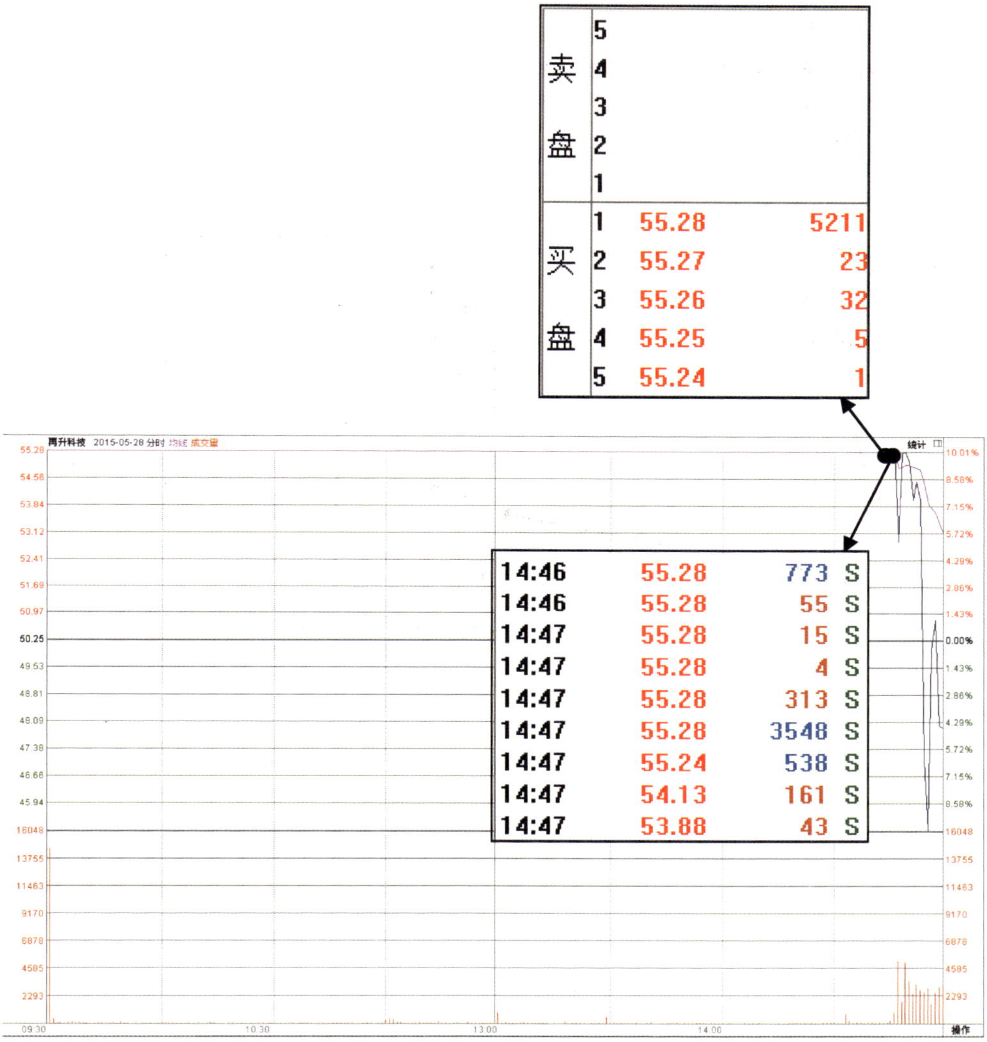

图 13－21 再升科技（603601）的分时走势图（2015 年 5 月 28 日）

更加坚定地抛出手中的股票，回避未来行情继续下跌的风险。

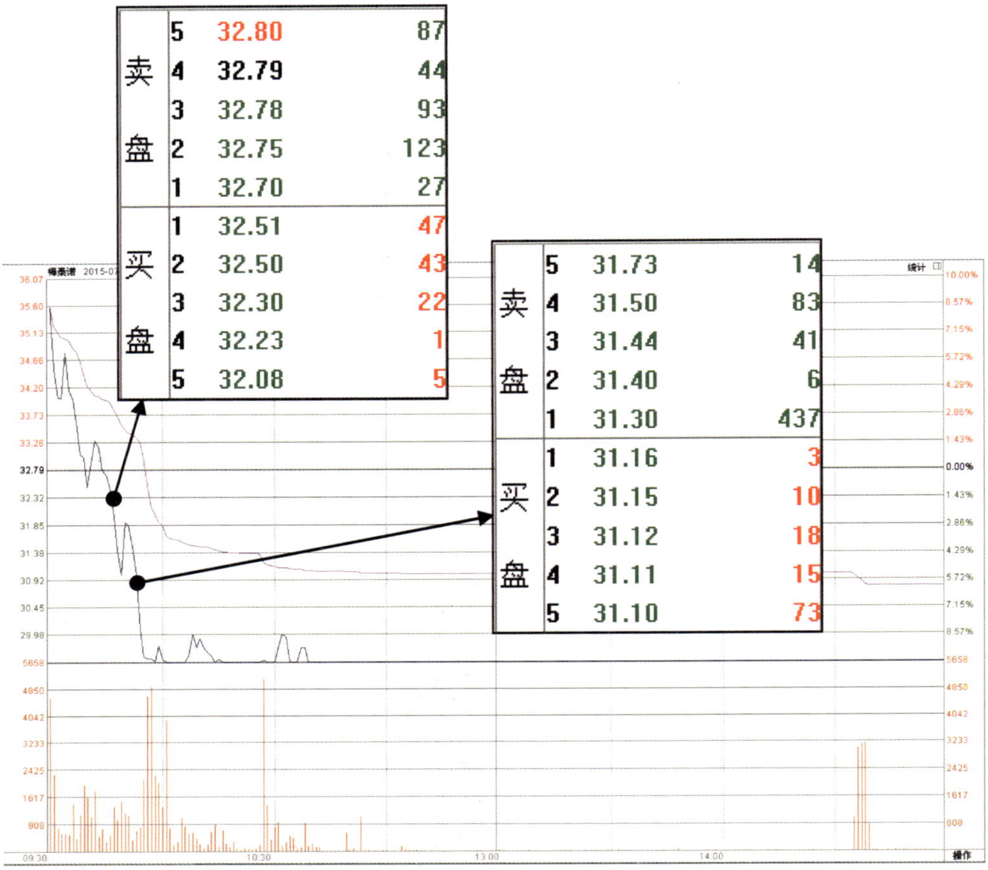

图 13－22　梅泰诺（300038）的分时走势图（2015 年 7 月 5 日）